Jean-Pierre Le Goff

La société malade

Stock

Couverture Coco Bel Œil

Illustration © Yagi Studio/Getty Images

ISBN 978-2-2340-9122-1

À la mémoire de Madame Formery

« Il y a quelques mois, souvenez-vous, la situation, pour n'être pas pire que celle d'aujourd'hui, n'en était pas meilleure non plus. […] Oui ! la catastrophe, nous le pensions, était pour demain, c'est-à-dire qu'en fait elle devrait être pour aujourd'hui. »

Raymond Devos

Introduction

D'une pandémie anxiogène et bavarde

Ce livre est celui d'un « spectateur engagé[1] » qui ne se place pas au-dessus de l'histoire pour en indiquer le nouveau cours ou la juger de haut. L'expérience de la maladie, même sous une forme relativement bénigne comme ce fut mon cas, constitue une épreuve qui permet de voir la société et le monde d'une façon qui supporte mal les grands discours et les élucubrations. Le décalage entre la maladie et une bulle langagière et médiatique apparaît manifeste quand on a de fortes fièvres et des tremblements.

Partant de l'expérience vécue de la maladie, je n'entends pas analyser la crise de manière exhaustive, ajouter des commentaires aux commentaires, tirer des plans sur la comète et jouer

1. Expression empruntée à Raymond Aron.

les prophètes ou les gourous qui ont réponse à tout. Je voudrais simplement essayer de montrer comment cette crise nous affecte et constitue comme une plaque sensible qui accentue les traits d'un malaise démocratique qui ne date pas de la crise sanitaire.

La transparence en question

Jamais une pandémie n'a été aussi « bavarde », donnant lieu à une telle masse d'écrits, de commentaires, d'images, de débats dans le cours même de son déroulement. On peut y voir une preuve de la « transparence » dans une société démocratique. Mais cette « transparence » a paradoxalement quelque chose d'aveuglant : la pandémie est un « événement monstre » qui a envahi et saturé l'espace public, médiatique et les réseaux sociaux, créant un effet de fixation et d'enfermement mental renforcé par le confinement. Le choc de la pandémie est inséparable de cette nouvelle donne historique liée au fonctionnement, en direct et en continu, des grands médias audiovisuels et des nouvelles technologies de l'information et de la communication.

Un président a déclaré le pays « en guerre » contre un virus jusqu'alors inconnu, des scientifiques et des médecins continuent de se disputer sur les plateaux, les médias et les réseaux sociaux s'enflamment à la moindre occasion... Les polémiques et les oppositions sommaires ont repris de plus belle. Chacun est sommé de choisir son camp et d'avoir un avis sur tout... Comment se reconnaître dans tout ce fatras ? Après tout ce qui a déjà été dit, montré, publié[1] de cette pandémie, à quoi bon y ajouter quelques interprétations et réflexions ?

Les commentaires vont bon train et courent après une actualité chaotique. De la première à la seconde vague, du premier confinement au couvre-feu, et du second confinement au nouveau couvre-feu..., la situation semble imprévisible et il paraît vain de tenter de saisir un processus instable dans le cours même de son déroulement. L'histoire globale de cette pandémie reste à écrire et telle n'est pas notre prétention.

Ce livre voudrait simplement démêler quelques fils au milieu d'une sorte d'emballement politique et médiatique, développer un recul réflexif

1. Parmi les nombreux écrits parus sur la pandémie, en dehors des témoignages critiques des personnels soignants, l'opuscule *L'Idolâtrie de la vie* d'Olivier REY (Gallimard, « Tracts », 2020) et le recueil d'articles d'intellectuels et de journalistes parus dans *Le Figaro*, *Rester vivants* (Fayard / Le Figaro) me paraissent apporter un recul réflexif et pluriel salutaire. Le livre de Jérôme FOURQUET, Marie GARIAZZO, Gaspard JABOULAY, François KRAUS, Sarah WOLBER, *En immersion. Enquête sur une société confinée* (Seuil, 2020), montre les fractures qui ont perduré et ont été ravivées durant le confinement.

avant tout sur la première période de la crise sanitaire (de février à juin 2020) et sur la façon dont elle a affecté les citoyens ordinaires et les gouvernants. Cette crise n'a pas seulement été marquée par des erreurs gestionnaires. Elle a révélé l'état d'une société démocratique, ses fractures, ses mentalités et ses mœurs. C'est un mode de rapport problématique entre l'État et les citoyens qui s'est manifesté à cette occasion. Cette période exceptionnelle constitue un condensé d'un mal-être exacerbé ; elle est comme le « verre grossissant » d'une société malade dont on ne perçoit pas encore les signes de guérison.

Un pays morcelé et ingouvernable ?

Au moment où la pandémie atteignait l'Europe, le moins que l'on puisse dire est que la France ne se portait déjà pas très bien. L'actualité quotidienne était ponctuée par des divisions et des conflits interminables. Les grèves et les manifestations contre la réforme des retraites succédaient au mouvement des « Gilets jaunes » dont les violences avaient donné l'image d'un pays qui serait tout entier livré au chaos.

Dans les « territoires perdus de la République », les trafics, les incivilités et la « haine antiflic » avec leur lot de dégradations et de voitures brûlées faisaient toujours l'actualité ; l'antisémitisme et l'islamisme étaient toujours vivaces, l'immigration clandestine suscitait la crainte et le terrorisme islamique n'avait pas dit son dernier mot. De jeunes activistes minoritaires s'érigeaient en nouveaux moralistes et donneurs de leçons. Ils bloquaient les entrées des lycées et des facultés, les voies de circulation, faisaient irruption dans les centres commerciaux... D'autres empêchaient la tenue de conférences, de pièces de théâtre, de films, dressaient des listes de bons ou de mauvais auteurs qui pouvaient ou non être publiés...

Alors qu'ils étaient rejetés massivement par la population, la répercussion médiatique de leur actions et exactions spectaculaires, la complaisance de journalistes militants à leur endroit pouvaient laisser croire qu'ils ne l'étaient pas. Craignant des désordres ou ne tenant pas à apparaître pour des réactionnaires, des responsables laissaient faire ces groupes extrémistes qui remettaient en cause la liberté d'expression et d'enseignement.

Au sein d'un pays à l'« identité malheureuse[1] », la suspicion, le ressentiment, voire la haine semblaient sans fin. Beaucoup de Français ne reconnaissaient plus leur pays et s'interrogeaient avec anxiété : quel fonds commun historique et

1. Alain Finkielkraut, *L'Identité malheureuse*, Stock, 2013.

culturel maintient l'unité et empêche le pays d'aller vers un délitement ?

À l'aube de la nouvelle année 2020, l'actualité n'avait rien de réjouissant. Les conflits, les divisions, les polémiques... donnaient l'image d'un pays morcelé et ingouvernable, malgré l'activisme et les grands discours de son président qui s'efforçait tant bien que mal de jouer tous les rôles à la fois.

Au moment où la pandémie se répandait en France, la ministre de la Santé quittait son poste pour être candidate à la Mairie de Paris, remplaçant Benjamin Griveaux entaché d'un scandale à caractère sexuel qui faisait la une de l'actualité. Auparavant, la ministre avait tenté sans succès d'éteindre la colère des personnels soignants qui depuis des années n'avaient cessé d'alerter sur la dégradation de notre système de santé. Des milliers d'entre eux avaient défilé dans les rues, dénonçant les restrictions budgétaires, l'intensification du travail, le manque de reconnaissance et les salaires insuffisants. En janvier, plus de 1 000 médecins hospitaliers, dont quelque 600 chefs de service, avaient écrit une lettre à Agnès Buzyn, exigeant des négociations sur les budgets et les salaires, faute de quoi ils démissionneraient de leur fonction administrative...

L'année nouvelle ne s'annonçait pas sous les meilleurs auspices. S'agissait-il d'une période critique temporaire ou d'une sorte de décadence contre laquelle on ne pouvait rien ou pas grand-chose ? Qu'en était-il de ce que l'on appelait autrefois les « forces vives de la nation » ?

Peur et confinement

L'événement a surpris tout le monde et le retournement fut spectaculaire. L'épidémie que l'on croyait cantonnée à quelques pays lointains est devenue une pandémie. Ce que l'on avait tendance à considérer comme une « grippette » s'est vite transformé en fléau contagieux et mortel, sans rien savoir ou presque sur le virus en question. Après un temps de sous-estimation du danger et de relative insouciance, la peur s'est répandue dans la population sur fond d'impréparation et de manques de moyens flagrants.

La pandémie a introduit l'angoisse de la maladie et de la mort dans la population. Elle a fait apparaître au XXIe siècle la fragilité de la vie individuelle autant que collective et notre relative impuissance face à un virus jusqu'alors inconnu. Elle a été et reste fortement anxiogène, sans pour autant être aussi meurtrière que d'autres dans le passé qui n'ont pas entraîné le même type de réaction.

Une telle différence renvoie à un changement anthropologique dans l'abord du tragique et de la finitude de notre condition. Les progrès scientifiques, l'hygiène et la médecine ont permis un « recul de la mort[1] » concomitant de la progression de l'espérance de vie. Depuis un demi-siècle, l'importance prise par la culture adolescente, la fête, la consommation et les loisirs ont évacué la souffrance et la mort de notre horizon, avant que le terrorisme islamiste vienne nous frapper. D'une tout autre manière, la pandémie a produit des effets de peur avec un sentiment d'incompréhension et d'impuissance face à un tel événement.

Le confinement a été une expérience inédite qui a suspendu la vie sociale et les rapports sociaux, et fait de l'espace privé le lieu central de notre existence. Ce faisant, il a accentué fortement des tendances au repli individuel et au refuge face à un monde plongé dans la confusion et le chaos.

Ce premier confinement n'a pas été vécu de la même façon selon les régions plus ou moins touchées, selon son lieu d'habitation, sa situation sociale… Mais l'un de ses aspects marquants est la manière dont toute une culture et toute une sensibilité, propres aux catégories sociales plus ou moins aisées et habitant les grandes villes, se sont

1. Paul YONNET, *Le Recul de la mort. L'avènement de l'individu contemporain*, Gallimard, 2006.

affichées et ont été largement valorisées par les médias et les réseaux sociaux. Les méthodes de relaxation et de méditation, les activités diverses qui mélangent les genres entre bienfaits thérapeutiques et spiritualités diffuses étaient présentes, tandis que les religions se voyaient interdire l'exercice de leur culte.

C'est tout un mode de vie marqué par le souci de soi, de son « développement personnel », de son image et de sa santé qui s'est trouvé valorisé. Il s'est accompagné d'une distance critique vis-à-vis du consumérisme, d'un rapport souvent idéalisé à la nature, à la campagne et aux villages… Cette mentalité et ces préoccupations ne reflètent pas nécessairement celles de la majorité de la population, même si elles se présentent volontiers comme un modèle à suivre. La culture de ceux que l'on appelle – d'un mot générique et commode – les « bobos » a pu trouver à s'épanouir au sein de la « bulle » du confinement qui renforçait à un mode de vie dans l'entre-soi. Cela n'a pas pour autant fait oublier les détresses psychologiques et sociales du confinement. En dehors des références emblématiques à la science, à la guerre et à l'esprit civique des Français, la peur de la contamination était le facteur central de l'acceptation des contraintes et des restrictions des libertés pourvu qu'elles ne durent pas trop longtemps.

Cette période a été marquée par un clivage entre des univers qui ne se rejoignaient pas, malgré les manifestations de solidarité et les applaudissements quotidiens des confinés, en télétravail ou non. Ceux qui assuraient la sécurité et les besoins vitaux du pays – et plus encore les personnels des hôpitaux et des Ehpad, les médecins de ville… – prenaient des risques. Certains l'ont payé de leur vie. Les situations qu'ils devaient affronter n'avaient pas d'échappatoire et leur activité les confrontait directement au tragique de la pandémie.

Le dévouement des personnels soignants est d'autant plus remarquable qu'ils subissaient depuis des années des restrictions budgétaires et une dégradation de leurs conditions de travail. La « tarification à l'activité » avait poussé à son paroxysme une incroyable logomachie managériale avec ses multiples « indicateurs » et « boîtes à outils » qui déshumanisaient les rapports de travail et les relations avec les patients. Malgré la bureaucratie, le manque de protection et de moyens, ils ont fait face de manière exemplaire.

La pandémie a révélé une société malade et fracturée, en même temps qu'elle a fait apparaître des « réserves d'humanité », des dévouements et des solidarités que l'on aurait pu croire disparus à l'heure du repli individualiste et communautariste. Faut-il n'y voir qu'un feu de paille ou des ressources profondes qui perdurent malgré tout et s'affirment quand le pays est soumis aux épreuves ?

On ne refera pas l'histoire et il n'entre pas dans mon propos de donner des leçons aux responsables plongés dans l'action. Il est toujours facile de dire après coup – et qui plus est quand on n'est qu'un simple observateur – qu'il aurait fallu faire autrement. Je ne cherche pas à établir un bilan et encore moins à désigner des « coupables ».

Ce livre donne une interprétation de l'événement qui ne prétend pas à l'exhaustivité, mais entend rendre compte de quelques traits saillants de ce dernier ; il se montre critique et inquiet sur nombre d'aspects de cette crise, sans pour autant maudire notre temps. Libre à chacun d'en tirer des leçons.

Chapitre 1

Angoisse et baratin

Il a fallu se rendre à l'évidence : cela n'arrive pas qu'aux autres, et, sans savoir pourquoi ni comment, la maladie vous plonge dans un univers à part, hors du temps et de la vie ordinaire des gens bien-portants. Deux jours après la décision du confinement général, mon épouse et moi faisions partie des contaminés de ce coronavirus qui déferlait sur le monde et n'avait rien d'une petite grippe. Tous les symptômes décrits quotidiennement dans les médias étaient présents : la toux, les maux de tête, les troubles digestifs, et surtout la fièvre, ces frissons et ces tremblements que vous ne maîtrisez pas, sans oublier la perte de l'appétit et un dégoût soudain pour le café et le vin si appréciés antérieurement. Le tout s'accompagnait d'un sentiment constant d'épuisement. Ne manquait plus que la détresse respiratoire. Par bonheur, ce ne fut pas le cas mais, sur le moment, nous ne savions pas si elle pouvait surgir ou non. En guise de consolation, restait le paracétamol à consommer avec modération et le téléphone à portée de main, en sachant qu'il ne fallait appeler le 15 qu'en cas de difficultés respiratoires manifestes pour ne pas encombrer les services d'urgence des hôpitaux. De quoi se sentir totalement désarmé avec des autorités politiques et médicales dont les messages plus ou moins clairs et contradictoires n'avaient rien de rassurant.

Fièvre et tremblements

Chaque jour apportait son lot de découvertes sur la nature de ce virus jusqu'alors inconnu : il n'affecterait pas seulement les poumons mais le cœur, voire le cerveau... Les consignes médicales se succédaient dans l'urgence (arrêter toute prise d'anti-inflammatoire, éviter les sprays nasaux...), tandis que sur les plateaux de télévision et à la radio, les virologues, les immunologues, les médecins et les journalistes multipliaient les informations et les conseils les plus divers en se contredisant plus ou moins gentiment.

L'épuisement et la fièvre aidant, vous viviez dans un brouillard et un tunnel dont vous ne voyiez pas la fin, avec l'angoisse de la détresse respiratoire et la mort possible en arrière-fond.

Entre le septième jour et le douzième jour, la maladie pouvant prendre une forme grave, mon médecin traitant eut la bonne idée de m'inscrire à l'application Covidom[1] qui permettait un suivi à domicile pour ne pas surcharger les établissements de santé et les médecins généralistes. Mesurer deux fois par jour sa température, sa fréquence respiratoire, son taux d'oxygène dans le sang, remplir le questionnaire... constituaient des points de repère dans une journée où la fièvre vous embrouillait l'esprit. Les coups de fil des tenants de la plateforme demandant de vive voix de vos nouvelles, le lien par téléconsultation avec le médecin traitant quand les signaux n'étaient pas bons vous réconfortaient, sans pour autant vous assurer que vous ne seriez pas transporté, tôt ou tard, au service des urgences des hôpitaux.

Les informations officielles avec leur nombre quotidien de morts, d'entrées aux urgences et en réanimation annoncé sur un ton neutre et froid

1. Application créée par les équipes de l'AP-HP (Assistance publique – Hôpitaux de Paris) et la PME française Nouveal e-santé. Elle a été mise gratuitement à disposition de l'ensemble des médecins et des établissements de santé de l'Île-de-France, avec le soutien de la Ville de Paris et de la région Île-de France, puis de tous les médecins et infirmiers libéraux de France métropolitaine.

par un responsable de la santé qui ressemblait à un employé des pompes funèbres, renforçaient quotidiennement l'anxiété. Les images de camions militaires italiens transportant des cercueils, les morgues improvisées – comme cet entrepôt réquisitionné aux Halles de Rungis dans la banlieue parisienne –, les reportages dans les unités de soins intensifs et dans les Ehpad où l'on souffrait et mourait dans la solitude... accentuaient l'angoisse et la sensation de vivre un mauvais rêve qui n'en finissait pas.

Débarrassé des préoccupations habituelles du quotidien et des projets d'avenir, le monde environnant apparaissait sous un angle nouveau. Pour les malades, dont j'étais, l'épuisement et les soucis du corps occupaient l'esprit. J'imaginais le sort de ceux qui, transportés aux urgences, n'en reviendraient pas et allaient mourir sans avoir revu leurs proches. La fièvre aidant, fin de vie et fin du monde se rejoignaient dans une « zone de mort[1] » peuplée de souvenirs lointains, de rêves et de cauchemars où l'imaginaire englobait le quotidien.

Avec le confinement généralisé, les rues désertes où résonnaient de temps à autre les sirènes des ambulances, les mesures de « distanciation sociale », les contrôles des déplacements

1. Paul YONNET, *Zone de mort*, Stock, 2017.

par la police..., la vie quotidienne avait des allures de film-catastrophe devenu réalité. Les Français pourtant ne vivaient pas tous à l'aune de ce que l'on appelait désormais les *clusters* (les foyers de contamination), mais le climat anxiogène se répandait. La pandémie était partout ; elle absorbait toute l'information et devenait un point de fixation paralysant. De tous côtés, le monde semblait courir à la catastrophe et vous n'y pouviez rien. Que faire de toute cette « transparence » qui, tel un tourbillon, absorbait et noyait la conscience dans une sorte de mauvais rêve éveillé ?

Restait votre médecin traitant, votre famille et quelques amis désintéressés pour qui demander de vos nouvelles n'était pas l'occasion de vous infliger leur commentaire sur l'actualité, avec l'illusion de participer d'un petit monde routinier et rassurant. Vous regardiez ce monde-là de loin, comme derrière une vitre embuée où dehors s'agitaient les bien-portants, avec le sentiment prenant qu'il était insignifiant et vain.

Entre les poussées de fièvre, il m'est arrivé de lire des articles célébrant les bienfaits de la pandémie pour le climat et les animaux. Le retour de ces derniers dans les villes était étonnant mais il ne m'émouvait pas vraiment. Se réjouir du fait que la nature et les animaux respiraient mieux, alors qu'au même moment des milliers d'êtres humains étaient placés sous respirateurs artificiels et mouraient dans l'isolement m'apparaissait indécent.

Il n'y avait peut-être « pas d'homme en bonne santé sur une planète malade[1] » mais, en attendant de sauver cette dernière, j'étais malade comme des milliers d'autres êtres humains. J'avais envie de retrouver la santé et je regrettais amèrement que nous ne maîtrisions pas un peu plus la nature pour trouver au plus tôt les moyens de la guérison. Les limites de la science et de la technique que certains considèrent comme l'incarnation d'une volonté prométhéenne de dominer la nature se faisaient sentir cruellement.

Le retour des prophètes

Je n'avais pas eu le courage de lire l'énième colère de Greta Thunberg qui s'en prenait une nouvelle fois aux adultes – plus précisément aux baby-boomers –, aux institutions et aux politiques[2]. Ces derniers avaient pourtant fait preuve de sympathie et l'avaient reconnue comme une nouvelle égérie écologiste aux traits adolescents.

1. Isabelle AUTISSIER, présidente de WWF, France Inter, 30 mars 2020.

2. Greta THUNBERG, « Climat : pourquoi nous, les jeunes, restons mobilisés », *Le Figaro*, 5 mars 2020.

L'écologie punitive et rédemptrice n'en continuait pas moins de nous assener ses leçons. Au plus fort du drame, les prophètes du malheur profitaient de la pandémie pour faire valoir leur catastrophisme sur le mode : « On vous l'avait bien dit. » La pandémie était le « dernier ultimatum » envoyé par la Terre à notre endroit ou encore la « répétition générale » de la catastrophe climatique, en sachant que cette dernière était irréversible et serait mille fois pire que la crise que nous vivions. Le monde allait de mal en pis et était proche de sa fin.

Un ancien ministre écologiste réfugié à la campagne avait effectivement prévu l'effondrement du monde « possible dès 2020, probable en 2025, certain vers 2030[1] ». La pandémie et les informations mortifères semblaient lui donner raison. Le diagnostic d'un « théoricien de la collapsologie[2] » laissait lui aussi peu d'espoir de rétablissement : « On est en train de vivre une crise cardiaque générale. Plus on attend, plus les tissus se nécrosent, et plus il sera difficile de repartir comme avant[3] ».

1. Yves COCHET, « Effondrement du monde : "On est dans le déni… mais c'est le scénario le plus probable" », *20 minutes*, 27 septembre 2019.

2. Courant de pensée qui envisage un effondrement catastrophique de notre civilisation.

3. Pablo SERVIGNE, « Cette crise, je ne l'ai pas vue venir, alors que je la connaissais en théorie », *Le Monde*, 10 avril 2020.

La pandémie a ainsi donné lieu à d'autres considérations écologiques quasi métaphysiques. Début avril, un philosophe déclarait dans *Le Monde* : « Nous sommes le papillon de cette énorme chenille qu'est notre Terre[1]. » J'avais du mal à penser ma situation de cette manière et ne comprenais pas grand-chose aux métamorphoses en question : « Ce virus, même si c'est difficile à voir, est aussi une vie future qui se prépare. Pas forcément identique à celle que nous connaissons, ni d'un point de vue biologique ni d'un point de vue culturel[2]. » Cette pandémie, disait encore l'auteur, « est la conséquence de nos péchés écologiques ». De tels propos n'étaient pas faits pour arranger mon état.

Cette vision noire était relayée d'une autre manière par des artistes et des scientifiques dans une tribune publiée dans *Le Monde* : « L'extension massive de la vie sur Terre ne fait plus de doute et tous les indicateurs annoncent une menace existentielle directe. À la différence d'une pandémie, aussi grave soit-elle, il s'agit d'un effondrement global dont les conséquences seront sans commune mesure[3]. » Et de s'en prendre au « consu-

1. Emanuele Coccia, « La Terre peut se débarrasser de nous avec la plus petite de ses créatures », *Le Monde*, 4 avril 2020.

2. *Ibid.*

3. « "Non à un retour à la normale" : de Robert de Niro à Juliette Binoche, l'appel de 200 artistes et scientifiques », *Le Monde*, 6 mai 2020.

mérisme » qui nous aurait conduits à « nier la vie en elle-même : celle des végétaux, celle des animaux et celle d'un grand nombre d'humains[1] ».

Cette façon d'en rajouter dans le malheur et de critiquer le consumérisme alors que l'on profite allègrement du système que l'on dénonce me paraissait typique d'une posture d'enfants gâtés qui n'engage pas à grand-chose. Cet appel à la « rupture radicale à tous les niveaux[2] » ne semblait pas remettre en cause « radicalement » le mode de vie des signataires en question. Dans le catastrophisme, Yves Cochet vivant sobrement à la campagne et appelant à « construire des ZAD partout[3] » m'apparaissait au moins plus cohérent.

Les propos sentencieux de Nicolas Hulot, qui avait quitté le poste de ministre de l'Environnement en août 2018, ont retenu mon attention. Il ne déclinait pas moins de « 100 principes pour un nouveau monde[4] » sur un ton prophétique qui lui convient bien. « Le temps est venu... », déclarait-il, égrenant une liste interminable de bons sentiments et de généralités confondantes : « poser les pierres d'un nouveau monde »,

1. *Ibid.*

2. *Ibid.*

3. Yves COCHET, « Le coronavirus peut être le déclencheur de l'effondrement de notre civilisation », *Magazine Bretons*, 1er mai 2020.

4. Nicolas HULOT, « Les 100 principes de Nicolas Hulot pour un "nouveau monde" », *Le Monde*, 6 mai 2020.

« transcender la peur en espoir », « résister à la fatalité », « traiter les racines des choses », « applaudir à la vie », « honorer la beauté du monde », « se rappeler que la vie ne tient qu'à un fil », « apprendre de nos erreurs »... Leur concrétisation donnait lieu à de jolies formulations : « préférer le juste échange au libre-échange », « globaliser ce qui est vertueux et dé-globaliser ce qui est néfaste ». Cela impliquait de « relocaliser des pans entiers de l'économie » et l'« avènement de l'économie sociale et solidaire », le tout dans le cadre d'une « mondialisation qui partage, qui coopère et qui donne aux plus faibles ». Que dire face à de telles propositions généreuses ?

Le centième et ultime « principe » pour un nouveau monde appelait à la création d'un « lobby des consciences ». Mais ce lobby existait depuis longtemps au sein de la société, de l'école et des institutions. Il a contribué à façonner un nouvel air du temps qui apparaît comme une évidence et qu'il ne fait pas bon mettre en question. Peut-on encore critiquer Nicolat Hulot, ce « lobbyiste des consciences » qui figure dans le Top 50 des personnalités préférées des Français, sans être catalogué comme un climato-sceptique et un anti-écolo ?

Table rase, polémique et recyclage

Avec le confinement généralisé et l'arrêt de pans entiers de l'économie, la marche de l'histoire semblait suspendue. Dans ces conditions, les idées de « table rase » et de reconstruction radicale resurgissaient de nouveau avec leur lot d'utopies et de considérations plus ou moins claires sur le mode : « Il n'y a qu'à... Faut qu'on... »

« Il s'agit de reconstruire l'ordre du monde ni plus ni moins », de « revoir l'échelle des valeurs qui structurent nos sociétés », déclarait un dirigeant d'Europe Écologie les Verts[1]. Une sociologue appelait pareillement à « tout repenser », « y compris et d'abord nos représentations entre humains et Nature »[2]. Pour un économiste, la crise du coronavirus ouvrait des « horizons pour ainsi dire illimités pour tout reprendre à zéro. La possibilité de faire table rase pour concevoir matériel et logiciel, à neuf[3] ».

Ces derniers étaient des plus divers, chacun cherchant à recycler des idées et des propositions auxquelles il avait pensé depuis longtemps.

1. Julien Bayou, intervention lors du Conseil fédéral d'Europe Écologie les Verts tenu en visioconférence, 4 avril 2020, AFP.

2. Dominique Méda, « Nous devons tout repenser », *La Tribune*, 21 mars 2020.

3. Muhammad Yunus, « La crise due au coronavirus nous offre la possibilité de tout reprendre à zéro », *Le Monde*, 5 mai 2020.

Un « collectif d'intellectuels, d'artistes et d'acteurs du milieu associatif » appelait à « remettre en question le rôle de la finance dans nos vies », à « remettre l'humain au centre des préoccupations politiques », à « réfléchir à une nouvelle pensée, à de nouvelles organisations allant au-delà des associations que nous connaissons, à la refondation du contrat social et citoyen »[1]... Cent cinquante personnalités proches de la gauche et de l'écologie appelaient quant à elles à une « convention du monde commun visant à fonder une alternative politique[2] ». À la faveur de la pandémie, une « gauche à l'agonie[3] » tentait de recoller les morceaux et de rejouer une nouvelle version d'un « programme commun » où l'écologie avait tendance à remplacer le socialisme passé.

De nombreuses pratiques alternatives comme les circuits courts alimentaires, les coopératives d'intérêt général, les plateformes coopératives de livraison à vélo ou de covoiturage, la gestion des « bien communs »... se voyaient dotées d'emblée d'une portée politique d'émancipation ouvrant le chemin à une « démocratie du

1. « Agir collectivement pour changer de modèle politique », *Le Monde*, 15 avril 2020.

2. « Au cœur de la crise, construisons l'avenir », *L'Obs*, 14 mai 2020.

3. Jean-Pierre LE GOFF, *La Gauche à l'agonie ?*, Perrin, « Tempus », 2017.

commun[1] ». Benoît Hamon profitait également de l'occasion pour prôner de nouveau son revenu universel et inconditionnel d'existence comme « antidote social à la répétition de ces crises sanitaires. Pour un courant gauchisant, la « transition écologique » se devait d'être radicale ou n'être pas. Ce revenu universel et une « transition écologique radicale » étaient les « réponses les plus adéquates pour surmonter la crise engendrée par le Covid-19 »[2]. Chaque courant de la gauche divisée préconisait sa solution.

L'« essoreuse à idées » qui recycle toujours les mêmes thèmes et tourne en rond n'avait pas cessé de fonctionner. Elle pouvait s'alimenter désormais aux oppositions entre scientifiques, médecins et chercheurs qui s'exacerbaient au fil des jours.

Les polémiques où se mêlaient des propos scientifiques et d'autres qui l'étaient beaucoup moins s'étalaient dans les médias et les réseaux sociaux. Certains n'hésitaient pas à considérer le professeur Didier Raoult, personnalité hors du commun, comme une sorte de « Gilet jaune » représentant le bon sens du « peuple » contre les « élites », la province et la « France périphérique » contre Paris. D'autres le considéraient

1. Hervé Defalvard, « Vers la société du commun », *Le Monde*, 17 avril 2020.
2. *Ibid.*

comme quelqu'un qui cherchait avant tout à se mettre en avant en faisant fi des critères scientifiques et de toute prudence. Ne connaissant pas grand-chose dans le domaine scientifique en question et bien que trouvant le professeur Raoult souvent convaincant dans sa critique de la bureaucratie scientifique ou non, je m'abstenais de me prononcer en faveur de l'un ou l'autre camp.

Les polémiques politiques et intellectuelles antérieures n'avaient pas non plus cessé avec leurs oppositions sommaires qui ne changent rien à la réalité mais peuvent en donner l'illusion. La pandémie s'y intégrait aisément en servant de faire-valoir aux positions les plus opposées.

Pour les uns, elle annonçait la fin de la « religion d'ouverture des frontières », le « retour des nations » et peut-être la sortie de l'euro… Le coronavirus était le « premier adversaire sérieux de l'État maastrichien » et réfutait de façon magistrale l'idéologie libérale : « Tout le monde va enfin comprendre ce qu'est véritablement cette idéologie funeste et populicide[1]. »

Pour les autres, au contraire, la pandémie prouvait plus que jamais la nécessité du renforcement de l'Union européenne qui demeurait

1. Michel ONFRAY, « C'est ainsi que les régimes tombent », *Marianne*, 28 mars 2020.

mal en point. Bien plus, le virus avait des vertus universalistes en propageant l'idée d'un destin partagé par toute l'humanité : « Parce qu'il est universel, le cauchemar planétaire actuel doit nous apprendre à coopérer et à vivre ensemble[1]. » La réalité plus prosaïque des rapports internationaux, avec la Chine notamment, n'allait pourtant pas dans ce sens.

Pour d'autres enfin, cette crise sonnait la « défaite du progressisme avec sa croyance au progrès perpétuel, à l'émancipation individuelle, à l'abolition des frontières et des nations[2] » ; elle remettait en cause les « valeurs de la postmodernité », enterrait « définitivement Mai 68 » par le retour en force de la contrainte sociale et de la revalorisation de la discipline[3] ; elle mettait « KO les bien-pensants[4] » ; la plus grande perdante serait la « gauche bien-pensante dont les lubies apparaissent comme de plus en plus futiles et insignifiantes[5] ». C'était comme une évidence : « Sans-frontiérisme, zadisme, scientisme

1. Philippe BERNARD, « Les frontières, faux remède au Covid-19 », *Le Monde*, 10 avril 2020.

2. Bruno RETAILLEAU, « Cette crise sonne la défaite du progressisme », *Le Figaro*, 9 avril 2020.

3. Claude LION, « Comment la pandémie a définitivement enterré Mai 68 », *Figarovox*, 19 mai 2020.

4. Jérôme BLANCHET-GRAVEL, « La pandémie met KO les bien-pensants, *Causeur*, 9 avril 2020.

5. *Ibid.*

et quelques autres constructions intellectuelles à la mode ne sortiront pas indemnes de la pandémie[1]. » À lire la profusion de déclarations et d'articles prônant de différentes manières une révolution des mentalités et des comportements, on pouvait pourtant croire qu'il n'en allait pas ainsi.

Des interprétations confuses de la pandémie faisaient du néolibéralisme mondialisé et de la dégradation du rapport de l'homme à la nature et aux animaux, non pas ce qui avait pu faciliter la vitesse de propagation du virus et son passage de l'animal à l'homme, mais les causes de la pandémie. Les nostalgiques de la lutte des classes et de la révolution se croisaient avec un courant écologiste réactionnaire pour nous annoncer une nouvelle fois que désormais « plus rien ne serait jamais comme avant ». Chacun des camps pouvait crier victoire en faisant valoir ce qu'il avait toujours dit.

Truismes et logorrhée

Certains intellectuels élevaient le débat à des hauteurs telles qu'il m'était difficile de les suivre étant donné mon état. Le titre de l'un d'eux

1. Erwan SEZNEC, « Cinq leçons sur la société post-coronavirus », *Causeur*, avril 2020.

m'avait laissé perplexe : « Il nous faut agir dans le savoir explicite de notre non-savoir[1]. »

Un journaliste du *Monde* n'hésitait pas à écrire que « le Covid-19 bouleverse la philosophie politique ». Cette crise sanitaire, affirmait-il, a révélé le « tournant écopolitique de la pensée contemporaine » dessinant « un progressisme, ou plutôt un cosmopolitisme non productiviste », une « politique (*polis*) du monde (*cosmos*) émancipatrice, mais affranchie des illusions modernistes »[2]. Ce genre de formulation me semblait typique de la confusion post-moderne avec effet de distinction dans l'entre-soi.

À vrai dire, je ne croyais pas vraiment que ce virus nous « forçait à penser », mais qu'il donnait lieu surtout à une inflation de paroles dont le rapport à la réalité était, pour le moins, problématique. De multiples « points de vue » qui n'en étaient pas réellement se payaient de mots, avec l'illusion d'« en être » et de peser sur la réalité. Le tout formait comme une bulle langagière qui gonflait au fil des jours et dont je notais les principales formulations. Il en ressortait une sorte de caquetage fait de truismes, de paradoxes, d'incohérences qui me paraissaient de plus en plus

1. Jürgen HABERMAS, « Il nous faut agir dans le savoir explicite de notre non-savoir », *Le Monde*, 11 avril 2020.

2. Nicolas TRUONG, « Le Covid-19 bouleverse la philosophie politique », *Le Monde*, 5 juin 2020.

insupportables et que je m'amusais à reformuler comme suit.

« Nous sommes à un tournant, à un carrefour, à une bifurcation de l'histoire du pays, de l'Europe et du monde. Le choc est profond et l'impact est durable. La crise que nous traversons secoue les consciences et ouvre le champ des possibles ; elle peut et doit amener une prise de conscience salutaire face aux défis d'aujourd'hui et de demain. Il est temps de tourner la page.

Les décisions d'aujourd'hui engagent l'avenir qui lui-même est ouvert sur des possibles inédits aux effets ambivalents. Il faut agir sans tarder en prenant en compte les conséquences de nos actes en profondeur et à long terme. Mais encore faut-il au préalable mettre méthodiquement les choses à plat dans l'échange et le débat. Un vrai diagnostic est indispensable tant il est vrai que l'on ne peut pas construire l'avenir sans savoir ce qu'il en est du présent. Il s'agit de penser ce qui n'a pas été encore pensé.

Une population informée vaut mieux qu'une population ignorante ; la nation se doit aussi d'être apprenante ; les citoyens ont soif de comprendre. Il faut que les gouvernants en prennent la mesure si nous voulons remettre de la cohésion collective et du commun, afin de mieux vivre ensemble dans le cadre d'une démocratie inclusive et participative qui reconnaisse nos différences et fasse de la diversité une richesse et une ressource pour affronter la crise dans l'unité et la solidarité. Une société basée sur l'intelligence collective est à notre portée pourvu que chacun y mette du sien. Les actes doivent succéder aux mots.

Nous sommes face à l'inconnu, mais il faut se donner des tâches collectives, trouver des bases solides, changer nos habitudes et nos mentalités, passer du "je" au "nous", créer de nouvelles solidarités, réinventer un nouveau modèle de fonctionnement collectif... Un vrai rassemblement des énergies autour du redressement peut nous permettre de nous unir et d'aller de l'avant.

L'issue de la bataille est néanmoins toujours ouverte et incertaine. Le changement est en cours mais il est encore trop tôt pour dire jusqu'à quel point. Les années à venir sont pleines d'inconnues. L'avenir seul nous dira ce qu'il en sera du monde de demain, mais ce qui est certain, c'est que le jour d'après ne ressemblera pas à celui d'hier... »

Je pensais à Pierre Dac : « Rien n'est moins sûr que l'incertain [...]. Monsieur a son avenir devant lui et il l'aura dans le dos à chaque fois qu'il se retournera. »

Avec les consignes sanitaires, cette logorrhée se répétait quotidiennement selon différentes variations sur le même thème, formant comme une petite musique de fond accompagnant la pandémie et le confinement. Que restera-t-il de tout cela dans quelque temps ?

D'autres thèmes prendront le relais, mais cette petite musique insignifiante et vaine ne cessera pas pour autant. Elle participe d'un bavardage permanent qui recouvre l'événement en dissolvant sa contingence et son pouvoir d'interpellation. La pandémie l'a peu entamée parce qu'elle s'intègre désormais au fonctionnement des démocraties modernes qui ne savent plus trop d'où elles viennent ni où elles vont.

Chapitre 2

Impressions d'irréalité

De la guerre et des médias en période de pandémie

Tout est allé très vite. En quelques jours, le pays a basculé dans un univers inconnu, confus et inquiétant. Le pouvoir faisait face dans l'urgence avec des injonctions paradoxales qui n'avaient rien de rassurant.

Le 12 mars, le président de la République annonçait la fermeture des crèches, des établissements scolaires et des universités à partir du lundi suivant, invitait les personnes de plus de 70 ans et les plus fragiles à rester chez elles. Il ajoutait aussitôt qu'après avoir interrogé les scientifiques sur les élections municipales, « rien ne s'oppos[ait] à ce que les Français, même les plus vulnérables, se rendent aux urnes[1] ». Comprenne qui pourra.

1. « Adresse aux Français », 12 mars 2020, en ligne : www.elysee.fr/emmanuel-macron/2020/03/12/adresse-aux-francais

Le 14 mars, le Premier ministre annonçait la fermeture des bars, des restaurants, des discothèques et des cinémas. Le lendemain, les élections municipales connaissaient un taux d'abstention historique : les maires étaient élus par moins de 50 % des électeurs.

Le 16 mars, le président de la République annonçait le confinement – sans prononcer le mot – pour l'ensemble de la population et indiquait que le second tour des élections municipales était reporté à une date ultérieure. Tout cela n'apparaissait guère cohérent.

Certains avaient déjà choisi de quitter les grandes villes pour se réfugier dans leur résidence secondaire. En une semaine, entre le 13 et le 20 mars, plus d'un million de Franciliens quittaient la région parisienne[1]. Les images de la Seconde Guerre mondiale, de juin 1940 et de Paris aux rues désertes avant l'arrivée des Allemands pouvaient refaire surface à cette occasion.

Difficile d'apprécier calmement la situation dans ces conditions. Le virus et le danger mortel étaient bien là ; le pouvoir politique devait agir

1. Statistiques réalisées par l'opérateur téléphonique Orange à partir de ses abonnés téléphoniques en mars 2020. Une analyse plus affinée de l'Insee avec les bases de données téléphoniques d'Orange publiée le 8 avril indique qu'environ 200 000 résidents parisiens (intra muros) ont quitté la capitale en une semaine. Cf. www.insee.fr/fr/information/4477356. Ce chiffre inclut de jeunes isolés, souvent étudiants, retournant dans leur famille.

vite dans des conditions inédites. La gestion de la crise s'annonçait chaotique mais qui pouvait prétendre sur le moment avoir la bonne solution ?

Depuis lors, les critiques vont bon train. Mais, en l'affaire, il ne s'agit pas seulement d'erreurs de gestion et de communication. Celles-ci ont été aggravées par des références à la guerre et un système médiatique ayant sa propre logique de fonctionnement. Ces éléments ont rendu plus difficile encore l'appréciation de la situation et contribué à l'emballement ; ils ont renforcé le désarroi au sein de la population.

Métaphores guerrières et mélange des genres

Dans son discours solennel à la télévision du 16 mars 2020, le président de la République déclarait : « Nous sommes en guerre, en guerre sanitaire, certes : nous ne luttons ni contre une armée, ni contre une autre nation. Mais l'ennemi est là, invisible, insaisissable, qui progresse[1]. » La formulation « nous sommes en guerre » était répétée six fois dans ce discours.

1. Déclaration de M. Emmanuel Macron, président de la République, sur la mobilisation face à l'épidémie de Covid-19, la guerre sanitaire contre le coronavirus et sur les nouvelles mesures adoptées, Paris, le 16 mars 2020, en ligne : www.vie-publique.fr/discours/273933-emmanuel-macron-16-mars-2020-coronavirus-confinement-municipales

Devant l'hôpital militaire de campagne déployé à Mulhouse, Emmanuel Macron le répétait de nouveau, le 25 mars 2020, face aux caméras de télévision[1] : « Nous sommes en guerre. » Il distinguait « trois lignes » : l'ensemble des soignants ; ceux qui permettent de travailler pour que le pays continue à vivre (« ce peuple travailleur qui se bat ») ; ceux qui peuvent télétravailler ou arrêter leur activité et rester à la maison.

Et d'annoncer qu'il lançait une nouvelle « opération », distincte de l'« opération Sentinelle » concentrée sur la lutte contre le terrorisme. L'« opération Résilience » était d'une autre nature : l'armée intervenait avec ses moyens logistiques et de protection pour aider les populations, tout particulièrement dans les territoires d'outre-mer.

Cette référence à la guerre pouvait s'appuyer sur des réalités. L'épidémie menaçait la collectivité nationale ; comme dans d'autres catastrophes naturelles ou non, les capacités d'intervention rapide de l'armée, son type d'organisation et ses moyens étaient un apport précieux. Mais, à

1. Allocution du président Emmanuel Macron à Mulhouse, aux côtés des femmes et des hommes mobilisés en première ligne pour protéger les Français du Covid-19, 25 mars 2020, en ligne : www.elysee.fr/emmanuel-macron/2020/03/25/a-mulhouse-aux-cotes-des-femmes-et-des-hommes-mobilises-en-premiere-ligne-pour-proteger-les-francais-du-covid-19

strictement parler, la figure de l'ennemi attribuée à un virus qui est de l'ordre de la nature n'avait pas de sens[1] : celui-ci n'a ni volonté ni stratégie pour nous nuire.

Le virus peut-il, du reste, être considéré comme un être vivant lorsqu'il n'a pas parasité une cellule et est incapable de se reproduire ? Comment faire la guerre contre une molécule de protéine (ADN) recouverte d'une couche de lipide (matière grasse) de la taille de 0,1 micron ? Il valait mieux se laver les mains et ouvrir les fenêtres plusieurs fois par jour. Les « gestes barrières » n'avaient rien d'un acte guerrier contre un virus qui n'a rien d'humain.

À vrai dire, le langage du président de la République ne relevait ni de la science ni de la guerre, mais d'un appel à la mobilisation et à l'union nationale. Son discours à Mulhouse se terminait par un appel solennel à la mobilisation et à l'unité, à la façon de Clemenceau : « Toute la nation est engagée dans ce combat, déclarait-il. Dans cette guerre, nous devons faire bloc, être unis, et reconnaissants pour le rôle de chacun, et tenir l'unité et le courage nous permettant de vaincre. Nous tiendrons parce que nous ne

1. Claire MARIN, « Penser les maladies sur le modèle de la guerre, c'est se méprendre sur l'essence du vivant », *Le Monde*, 24 mars 2020 ; François SAINT-BONNET, « Covid-19 : le discours guerrier est une erreur », *Le Figaro*, 16 avril 2020.

céderons rien. Nous tiendrons parce que nous en avons la force[1]. » Le destin d'un jeune président aux accents de chef de guerre semblait se confondre avec celui de la patrie menacée par un virus invisible mais toujours bien présent. Une telle emphase était-elle adaptée à la situation ?

Quoi qu'il en soit, les Français ont globalement accepté le confinement. Cette acceptation tenait plus de la peur de la contagion et de la résignation que de la mobilisation guerrière et de l'« union sacrée ».

En parlant d'une situation de guerre, le discours au plus haut sommet de l'État donnait une appréciation problématique de la réalité[2]. Faut-il le rappeler ? Il n'y a pas eu de mobilisation générale et les infrastructures étaient toujours en place. Même si certains traits de la situation se prêtaient à la comparaison, nous savions que nous n'étions pas en guerre et, selon les régions et les localités, le pays ne vivait pas la pandémie et le confinement de la même façon.

Cette rhétorique risquait par ailleurs de brouiller la distinction des rôles entre l'armée et les

1. Allocution du président Emmanuel Macron à Mulhouse, aux côtés des femmes et des hommes mobilisés en première ligne pour protéger les Français du Covid-19, 25 mars 2020, *loc. cit.*

2. Bénédicte CHÉRON, « À trop mobiliser le registre militaire, les mots perdent leur sens », *Le Monde*, 22 avril 2020.

hôpitaux[1]. Sur ce point, le général Lecointre, chef d'état-major des armées, interviewé à la télévision à la suite de la contamination des marins du porte-avions *Charles de Gaulle*, remettait les choses en place : « L'ennemi ne s'arrête pas pour cause de Covid. [...] Prendre ce risque, en essayant de préserver la santé de nos hommes, non par pure philanthropie mais parce que c'est le cœur de notre outil de travail, de notre capacité militaire[2]. » Le souci de la santé des marins s'insérait dans le cadre des capacités et des missions militaires d'une « machine de guerre » ayant ses propres finalités qui ne se confondaient pas, pour le moins, avec les soins prodigués dans les hôpitaux[3].

Des rapprochements n'ont pourtant pas manqué d'être faits dans les médias avec la situation de juin 1940[4]. Dans ce cadre, la loi d'état d'urgence sanitaire pouvait rappeler les lois des temps de guerre et le confinement faisait figure de « nouvelle ligne Maginot[5] ».

---

1. *Ibid.*

2. Général François LECOINTRE, chef d'état-major des armées, invité du journal télévisé de 20 heures de TF1, 18 avril 2020.

3. À la suite des enquêtes menées, la ministre de la Défense reconnaîtra que des erreurs avaient bien été commises dans la gestion de la situation à bord du porte-avions mais non des « fautes ».

4. Jean-Paul COINTET, « La mobilisation face à la pandémie rappelle-t-elle la crise de la société française en 1940 ? », *Figarovox*, 12 mai 2020.

5. *Ibid.*

Il est vrai que, depuis la Seconde Guerre mondiale, la vie quotidienne des Français n'avait jamais été à ce point bousculée[1]. Mais les situations n'étaient pas comparables : l'État républicain et les institutions ne s'étaient pas effondrés ; l'« exode » n'avait pas concerné une masse de la population et ne s'était pas effectué sous les mitraillages et les bombardements des *Stukas*[2] ; le confinement dans les résidences secondaires ou chez soi n'avait rien d'un refuge dans une cave ou un abri ; le « laissez-passer » consistait en une sorte de déclaration sur l'honneur et non en un *Ausweis* délivré par des occupants...

Face à cette crise sanitaire, la lecture du témoignage de Marc Bloch sur la défaite de juin 1940 vaut surtout par son analyse critique des mentalités et des bureaucraties en place. Des gestionnaires de la crise sanitaire peuvent ainsi évoquer ces généraux fébriles, manquant de sommeil, qui se trouvaient à chaque fois débordés par ce qui se passait sur le terrain. Marc Bloch critiquait, entre autres, une incapacité à envisager l'imprévu et le nouveau, des bureaucraties ayant chacune leurs chasses gardées, une pensée de la guerre conçue sur le papier, le « divorce entre

1. Jean-Noël JEANNENEY, *Virus ennemi. Discours de crise, histoire de guerres*, Gallimard, « Tracts », juin 2020.

2. Bombardiers en piqué équipés d'une sirène dont les hurlements terrorisaient les populations.

le champ de vision des combattants et celui des états-majors[1] »… « On s'était accoutumé, durant de longues années de bureaucratie, écrivait-il, à beaucoup d'insuffisances, qui prenaient rarement un caractère tragique. Les temps changèrent. Non les mœurs[2]. »

L'événement médiatique

Au début de la pandémie, le monde médiatique s'est trouvé bousculé. Face à des enjeux vitaux, le journalisme militant, les communicants et leurs « éléments de langage », apparaissaient dérisoires, tout comme les postures provocatrices, les polémiques incessantes et le rire plus ou moins forcé sur les plateaux.

La pandémie a vite monopolisé l'information[3]. Tout phénomène national ou international était traité en fonction de la pandémie ; le reste semblait sans intérêt pour les grands médias audiovisuels. La télévision redevenait soudain un média

1. Marc BLOCH, *L'Étrange Défaite*, Gallimard, « Folio histoire », 1990, p. 65.
2. *Ibid.*, p. 127.
3. Dans la semaine du 16 au 22 mars, 75 % des temps d'antenne des chaînes d'information était consacré au coronavirus selon un décompte de l'INA, soit une moyenne de 13 heures et demie par jour, cf. Caroline SALLÉ et Enguérand RENAULT, « Le Covid-19 rend les Français accros à l'info », *Le Figaro économie*, 31 mars 2020.

central de référence alors qu'elle était fortement concurrencée par les réseaux sociaux[1].

Le discours du président Macron à la télévision le lundi 16 mars a été suivi par 35 millions de Français[2], un chiffre jamais atteint pour une telle allocution ; les journaux de TF1 et de France 2, de même que les chaînes d'information en continu ont connu une audience sans précédent[3]. Avec les journaux télévisés, les conférences de presse quotidiennes sur l'état de la pandémie sont devenues des repères à heure fixe dans le temps délité du confinement.

Le tragique revenait en force à travers les témoignages et les appels des médecins et des soignants qui contrastaient avec les discours officiels. Les

1. D'après *Médiamétrie*, durant le mois de mars, les Français ont passé 4 heures et 29 minutes en moyenne devant la télévision, cf. Enguérand RENAULT, « Les Français ont passé 4 h 29 par jour devant leur télé en mars 2020 », *Le Figaro*, 30 mars 2020.

2. Caroline SALLÉ et Enguérand RENAULT, « Le Covid-19 rend les Français accros à l'info », art. cité.

3. Les journaux de TF1 et de France 2 ont réuni de 15 à 20 millions cumulés de spectateurs quotidiens ; la première semaine du confinement, 18 à 20 millions de personnes ont regardé BFM sur une journée, cf. Laure DAUSSY, « Les journalistes face à la crise du Covid-19 », site de la Fondation Jean-Jaurès : jean-jaures.org/nos-productions/les-journalistes-face-a-la-crise-du-covid-19 ; entre le 16 mars et le 26 avril 2020, 21 millions de Français en moyenne ont regardé continuellement BFMTV, LCI, CNews ou France Info, soit 8 millions de plus que pendant la même période en 2019, cf. Caroline SALLÉ, « Confinement : les Français ont plébiscité les chaînes d'info », *Le Figaro*, 18 mai 2020.

médias audiovisuels sortaient de l'« entre-soi », jouaient leur rôle premier d'information et de médiation, donnaient la parole aux acteurs de terrain, relayaient et valorisaient les multiples initiatives de solidarité...

Les informations en direct et en continu démultipliaient en même temps l'impact émotionnel de la pandémie. Rien ne nous était épargné : le nombre de décès quotidiens, les morgues improvisées, les reportages dans les services de réanimation... La transparence comme une sorte de garantie qu'on ne nous cachait rien s'effectuait désormais dans la crainte des mauvaises nouvelles et l'incertitude des lendemains : « Qui est vraiment malade, qui est contagieux et qui ne l'est pas ? », « Aurons-nous assez de moyens pour faire face ou serons-nous contraints à faire des choix drastiques pour sauver des vies ? » Nous avons vécu en direct et en continu un événement qui polarisait l'univers mental et produisait des effets de saturation.

Proximité émotionnelle et déréalisation

L'information audiovisuelle créait un lien de proximité émotionnelle avec l'événement par la force des images et des commentaires en direct sur le terrain. Nous étions ainsi placés dans une situation déconcertante et désarmante : nous assistions à une histoire tragique qui se déroulait sous nos yeux tout en la vivant à distance et passivement. Spectateurs émus, énervés ou en colère mais impuissants, nous faisions face à une tragédie qui nous touchait en même temps qu'elle ne nous concernait pas directement dans notre chair, du moins tant que nous ne tombions pas malade.

La pandémie remettait en question les repères de la vie sociale et quotidienne mais la tragédie restait encore du domaine de la représentation au sein d'un espace privé qui, avec le confinement, était censé nous protéger de la contamination. Placés dans une telle situation paradoxale, nous étions condamnés à « tourner en rond » à l'intérieur d'un « inter-monde », mélange indissociable de réel distancié, d'affects et de représentations par lequel l'épreuve du tragique nous parvenait.

Celle-ci s'intégrait dans une structure de communication dont l'agencement nous échappait et dont le fonctionnement en continu s'apparentait à une course folle pour « coller » à l'événement. Si, comme l'a écrit Guy Debord, « le spectacle est le mauvais rêve de la société moderne enchaînée, qui n'exprime finalement que son désir de dormir[1] », l'information spectaculaire en continu de

1. Guy DEBORD, *La Société du spectacle*, Buchet-Chastel, 1967, p. 17.

la pandémie a été littéralement ce qui l'a empêchée de dormir.

Ce fonctionnement n'était pas pour autant clos sur lui-même et autoréférentiel, entraînant un processus de déréalisation irréversible[1]. Le contenu du message, ou plus précisément le réel auquel il renvoyait, ne disparaissait pas au profit du médium[2]. Pour reprendre *a contrario* une formulation provocatrice au moment de la guerre du Golfe et des attentats du 11-Septembre, la pandémie avait bien lieu[3] ; les victimes et les morts étaient bien réels, le tragique n'était pas de figuration.

Tout ce qui a été dit et montré de la pandémie au plus fort de la crise renvoyait bien à des éléments de la réalité avec les cas les plus graves et les morts qui retenaient avant tout l'attention. Les journalistes, qui n'étaient pas des polémistes

1. Cf. Jean BAUDRILLARD, *Simulacre et simulation*, Galilée, 1981 ; *L'Échange impossible*, Galilée, 1999.

2. Cf. Marshall MCLUHAN. Pour un exposé didactique et critique de ses thèses, voir René RODRIGUEZ, *Les Médias. Une nouvelle conception du monde ?*, Cahier de *Politique Autrement*, mars 1998.

3. Cf. Jean BAUDRILLARD, *La guerre du Golfe n'a pas eu lieu*, Galilée, 1991 ; « L'esprit du terrorisme », *Le Monde*, 3 novembre 2001. Dans ce dernier article, Jean Baudrillard écrit : « Cette violence terroriste n'est donc pas un retour de flamme de la réalité, pas plus que celui de l'histoire. Cette violence n'est pas "réelle". Elle est pire, dans un sens : elle est symbolique. » Il en arrive ainsi à considérer le terrorisme comme « l'acte qui resitue une singularité au cœur d'un système d'échange généralisé ». De telles spéculations coupées du sens commun flirtent avec le nihilisme avec effet de reconnaissance symbolique au sein d'un milieu intellectuel gauchisant.

ou des militants, entendaient nous informer au mieux, mais ils n'échappaient pas eux non plus au stress et à l'émotion. Ceux-ci collaient à l'événement, brouillaient les repères et rendaient difficile le recul réflexif nécessaire pour une juste mesure de la situation. L'information audiovisuelle – plus particulièrement en continu – ne supporte aucun « blanc » qui viendrait interrompre le flux de paroles et d'images. Une masse d'informations et de propos de différentes natures défilaient en boucle, saturant l'espace et le temps. Les citoyens ne savaient plus où donner de la tête face à ces multiples sollicitations.

Dans cet univers flottant où la réalité tend à s'évaporer dans un flux ininterrompu d'images, de mots, de commentaires qui s'étalent à l'infini, peut-on encore faire la part des choses entre le réel et cette bulle imagière et langagière qui le recouvre tout aussitôt ?

Un tel mécanisme médiatique ne produit pas d'adhésion en profondeur mais agit comme un zapping permanent qui finit par donner le tournis et produit des effets de désorientation. Il donne une vision chaotique d'un monde incontrôlable qu'il est vain de chercher à comprendre et de prétendre agir sur lui.

Pour reprendre des termes de Hannah Arendt, c'est la confiance qui nous lie au monde et aux autres qui est atteinte, entraînant un sentiment de vide intérieur et d'anxiété.

Les questions : « Qu'est-ce qui est vrai ? », « Qu'est-ce qui est juste ? », « Qu'est-ce que je peux personnellement en penser ? » s'estompent au profit du « À quoi bon ? », par quoi Bernanos voyait la forme la plus insidieuse et la plus redoutable du désespoir[1]. En aurons-nous jamais fini avec un pareil magma qui engendre le mal-être et la méfiance, inhibe la pensée et l'action ?

Une nouvelle donne historique

La pandémie et le confinement ont fait ressortir une caractéristique problématique de notre présent : nous sommes entrés dans un univers étrange et anxiogène qui nous confronte au tragique de l'histoire et de notre condition dans une situation nouvelle où l'événement est devenu inséparable des grands moyens d'information audiovisuels[2] et des réseaux sociaux. Cette situation est constitutive de notre modernité parvenue à une nouvelle étape d'une évolution historique et de ses effets ambivalents.

1. Cf. « Le point aveugle des démocraties », in *La Démocratie post-totalitaire,* La Découverte, 2002.

2. Sur le nouveau statut de l'événement à l'heure des médias, cf. Pierre Nora, *Présent, nation, mémoire,* Gallimard, 2011.

Dans *Le Monde d'hier*[1], Stefan Zweig décrit le monde d'avant la Première Guerre mondiale, celui de ses parents, comme un univers où « les événements du monde extérieur ne se produisaient à vrai dire que dans le journal et ne venaient pas frapper à la porte de leur chambre[2] ». Dans ce monde sans hâte et fermé, « jamais il ne se produisait rien de soudain ; les catastrophes qui pouvaient survenir au loin, à la périphérie du monde, ne traversaient pas les parois bien capitonnées de cette vie "assurée"[3] ».

Cette situation va changer avec la guerre de 1914-1918, où les images diffusées par le service cinématographique des armées et le photojournalisme vont donner une vision plus directe des réalités de la guerre avec ses blessés, ses morts et ses destructions. Même si ces images étaient utilisées à des fins de propagande, elles opéraient un rapprochement entre les soldats du front et la population de l'arrière[4]. Le « poids des mots » va céder la place au « choc des photos », pour reprendre un ancien slogan du magazine *Paris Match*[5].

---

1. Stefan Zweig, *Le Monde d'hier. Souvenirs d'un Européen*, traduction nouvelle de Serge Niémetz, Belfond, 1993.
2. *Ibid.*, p. 12.
3. *Ibid.*, p. 45.
4. *Photographes au front*, documentaire d'Aurine Crémieu, 2015.
5. Signe des temps nouveaux, l'ancien slogan de l'hebdomadaire *Paris Match* « Le poids des mots, le choc des photos » a été remplacé en 2008 par « La vie est une histoire vraie ».

Les « reportages parlés » à la radio et les actualités cinématographiques vont accentuer ce phénomène de rapprochement créant un « synchronisme universel » : « Quand les bombes réduisaient les maisons en miettes à Shanghai, nous le savions en Europe, dans nos chambres, avant que les blessés eussent été retirés des décombres. Ce qui se passait à un millier de milles au-delà des mers bondissait jusqu'à nous en images animées[1]. »

Les images de la guerre d'Espagne, celles de la Seconde Guerre mondiale, de la guerre d'Algérie, puis celles de la guerre du Vietnam réduiront les distances et le temps. Elles feront progressivement entrer le tragique de l'histoire dans notre vie quotidienne.

Par la télévision, la mort en images s'est installée dans les foyers. Dans les années 1960, les Américains ont pu ainsi assister à l'assassinat du président John Fitzgerald Kennedy, tout comme ils ont pu voir à la télévision l'assassinat d'Oswald, de Robert Kennedy, les GIs tués au Vietnam…

Un membre du comité de rédaction de la revue *Esprit*, qui enseignait alors la littérature et la philosophie dans une université américaine, décrit la façon dont il a vécu l'assassinat du président Kennedy dans des termes saisissants : « C'est

1. Stefan ZWEIG, *Le Monde d'hier…*, *op. cit.*, p. 14.

terrifiant ! Comme tous les Américains, j'ai pu assister, dans mon fauteuil, à l'assassinat du président des États-Unis, avec un minimum de décalage dans le temps. À partir de ce moment, les choses se précipitent : même plus de décalage, l'histoire est regardée dans le moment même où elle s'accomplit. [...] On ne peut même pas parler de recherche de sensationnel. Ce qui est sensationnel, c'est que l'événement soit ainsi poursuivi, traqué, chassé et répercuté immédiatement dans l'intimité des foyers fermés, au moment même où il se déroule dans l'extériorité de l'histoire[1]. » Et de s'interroger sur l'avenir de la politique qui devient un « spectacle » pour la majorité de la population : « Devant le tragique qui ne manquerait alors de l'envahir de tous côtés, n'aurions-nous plus bientôt que nos yeux pour regarder et pour pleurer[2] ? »

La France et les autres pays européens n'ont pas échappé à cette nouvelle donne historique et civilisationnelle qui change notre rapport à l'événement. La guerre du Golfe en 1991, suivie en direct à la télévision dans des éditions spéciales, marque un tournant du point de vue de la prédominance de l'image et de ses effets spectaculaires

1. Jean Conilh, « Middletown, Connecticut USA », *Esprit*, janvier 1964, reproduit dans *Jean Conilh (1922-2000). La parole engagée. Parcours d'un demi-siècle*, Cahier de *Politique Autrement*, juin 2001.

2. *Ibid.*

au détriment du recul réflexif et critique. L'attentat terroriste islamiste contre le World Trade Center à New York le 11 septembre 2001, avec le passage en boucle des avions percutant les tours, a produit un choc émotionnel intense. Plus récemment, les Français ont pu assister en direct à l'assaut des forces de l'ordre contre le terroriste islamiste qui avait pris en otage des clients d'un Hyper Cacher à Paris en janvier 2015. Avec les smartphones, un pas de plus a été franchi, chacun pouvant être amené à filmer en direct des événements dramatiques comme la fuite des frères Kouachi après les attentats dans les locaux de *Charlie Hebdo* en janvier 2015 ou la course éperdue de jeunes s'enfuyant lors de la tuerie du Bataclan en novembre de la même année… Chacun peut ainsi devenir un reporter en direct, alimenter les réseaux sociaux et la télévision, avides d'« événements » et d'émotion[1].

La pandémie et le confinement ont donc accentué une caractéristique des réseaux sociaux et des médias, qui, certes, informent, mais tendent, de plus en plus, à former une bulle caractéristique

1. Selon la périodisation historique établie par Régis Debray, nous serions ainsi passés de la « logosphère » marquée par la transmission livresque à la « vidéosphère » caractérisée par une « transmission de plus en plus rapide des données, modèles et récits », cette dernière étant devenue à l'ère numérique une « hypersphère ». Cf. Régis DEBRAY, *Cours de médiologie générale*, Gallimard, 1991 ; « Médiasphère », in *Medium*, n° 4, juillet-août-septembre 2005.

du fonctionnement des sociétés démocratiques. Il n'est plus d'événement qui ne soit couvert, mais aussi recouvert par des images et des discours dont la profusion a des allures de fuite existentielle.

Chapitre 3

Cette mort que je ne saurais voir...

Les premières réactions des journalistes, des pouvoirs publics et de l'opinion face au Covid-19 ont globalement sous-estimé la gravité de la situation, avant que ne s'opère un retournement où la pandémie est apparue comme un danger sans précédent. La France avait connu dans un passé récent des épidémies de moindre importance qui n'avaient pas provoqué une émotion comparable. L'apparition du virus du Sida au début des années 1980 a fait des milliers de morts dans le pays et des millions dans le monde[1]. Mais il a été perçu par l'opinion comme une menace qui ne

1. Depuis les années 1980, le Sida a fait plus de 30 millions de morts dans le monde, les pays les plus touchés étant ceux de l'Afrique subsaharienne. On compte près de 40 000 décès en France ; cf. Josiane PILLONEL, Annie LAPORTE, « Le Sida 20 ans après », *ADSP*, n° 40, septembre 2002.

concernait pas la totalité de la population. Quant à l'épidémie de Sras (syndrome respiratoire aigu sévère), elle a pu être endiguée rapidement par une mobilisation internationale[1] et n'a pas touché la France.

Il n'en a pas été de même pour la pandémie du Covid-19 qui a réintroduit la possibilité d'une mort de masse, suscitant des réactions de peur et d'angoisse. Les mesures drastiques prises par le pouvoir politique, l'emballement médiatique et les réseaux sociaux n'ont pas contribué à calmer les esprits.

Ces réalités ne suffisent pas cependant à expliquer les réactions que cette pandémie a pu susciter dans le pays. Celles-ci me paraissent inséparables d'un changement d'époque qui s'est opéré dans le rapport au tragique de l'histoire et à la finitude. La peur de la maladie et de la mort est revenue avec d'autant plus de force que, dans la seconde moitié du siècle dernier, la société a eu tendance à en effacer socialement les traces.

1. L'épidémie de Sras est la première maladie grave du XXIe siècle provoquée par un virus inconnu appartenant jusqu'alors à la famille des coronavirus. Entre mars et juillet 2003, 437 cas possibles de Sras ont été signalés en France dont un patient décédé. Aucune transmission secondaire n'a été identifiée ; cf. « Le SRAS-Cov, un coronavirus à l'origine d'une épidémie mondiale d'une ampleur considérable », site de Santé publique France.

Changement d'époque

Dans son allocution solennelle du 12 mars 2020, le président de la République déclarait que l'épidémie de coronavirus était la « plus grave crise sanitaire qu'ait connue la France depuis un siècle ». Tout dépend de la définition que l'on donne à la notion de « crise sanitaire » mais, dans tous les cas, cette pandémie n'était pas la première ni la plus meurtrière que la France ait connue depuis plus d'un siècle.

À la fin de la guerre de 1914, la grippe dite espagnole a entraîné, selon l'Institut Pasteur, entre 150 000 et 250 000 victimes en France[1], et de 20 à 50 millions de morts dans le monde entier[2]. Mais les décès qu'elle entraînait comptaient peu par rapport aux morts et aux blessés de la Grande Guerre qui demeurait un traumatisme social-historique sans précédent[3].

Dans la seconde moitié du XXe siècle, les deux épidémies de grippe – celle de la « grippe de

1. « Grippe de 1918 : la plus grande pandémie de l'histoire de l'humanité ? », *La Fabrique de l'histoire*, France Culture, 23 octobre 2018.

2. Site de l'Institut Pasteur : www.pasteur.fr/fr/centre-medical/fiches-maladies/grippe

3. 20 millions de morts et 21 millions de blessés dans le monde ; 1 397 800 militaires et 300 000 civils tués, 4 266 000 blessés militaires en France. Cf. « Bilan chiffré de la Première Guerre mondiale », site du Centre Robert-Schumann.

Hong Kong » de 1968-1969 et celle de la « grippe asiatique » de 1957 – firent respectivement environ 31 000 et 100 000 morts en France[1]. Il est difficile dans ces conditions d'affirmer qu'en 2020 la France a connu la plus grande crise sanitaire depuis un siècle.

Le plus frappant réside dans le contraste existant entre les réactions journalistiques et politiques de l'époque et celles d'aujourd'hui. En 1957, alors que la « grippe asiatique » avait atteint la France, le gouvernement déclarait : « La maladie se caractérise par un nombre élevé de cas mais aussi par sa relative bénignité et son faible taux de mortalité. L'épidémie ne justifie pas d'inquiétude particulière[2]. » En 1969, les propos de certains journalistes de l'époque étaient des plus lénifiants : « L'épidémie de grippe qui s'étend, comme chaque année, sur l'Europe n'est ni grave ni nouvelle. [...] Les Français, comme la plupart de Européens, subissent les misères de l'hiver, rhumes

1. Patrice BOURDELAIS, démographe et historien cité par Alexis Orsini in « Coronavirus : l'épidémie est-elle vraiment la plus "grave crise sanitaire connue par la France depuis un siècle" ? », *20 minutes*, 13 mars 2020. Dans le monde, la grippe asiatique et la grippe de Hong Kong provoquèrent au total environ 3 millions de victimes selon certaines estimations de l'OMS.

2. Cité par Jimmy BOURQUIN, « Histoires des pandémies oubliées : la grippe asiatique en France (1957-1958) », site de France Inter, 27 avril 2020.

et grippes en tête. Mais est-il bien utile d'ajouter à ces maux, somme toute banals, les risques d'une véritable psychose collective[1] ? »

A contrario, le témoignage d'un chef de service d'infectiologie – à l'époque jeune externe au service de réanimation d'un hôpital de Lyon – donne une tout autre image de la réalité : « On n'avait pas le temps de sortir les morts. On les entassait dans une salle au fond du service de réanimation. Et on les évacuait quand on pouvait dans la journée, le soir. Les gens arrivaient en brancard, dans un état catastrophique. Ils mouraient d'hémorragie pulmonaire, les lèvres cyanosées, tout gris. Il y en avait de tous les âges, 20, 30, 40 ans et plus. Ça a duré dix à quinze jours, et puis ça s'est calmé. Et étrangement, on a oublié[2]. » Un tel oubli et une telle différence de réaction au regard de la pandémie de 2020 est révélateur d'un changement d'époque.

1. Dr E. L., « Grippe, pharmacie et psychose », *Le Monde*, 11 décembre 1969.

2. Professeur DELLAMONICA cité par Corinne BENSIMON, « 1968, la planète grippée », *Libération*, 7 décembre 2005. À l'époque, le professeur Dellamonica travaillait comme externe dans le service de réanimation du professeur Jean Mottin, à l'hôpital Édouard-Herriot de Lyon.

Le point aveugle de la modernité

Les deux épidémies de grippe de la seconde moitié du XXe siècle interviennent dans une situation historique bien particulière, celle des Trente Glorieuses. En 1957 et en 1968, les préoccupations de santé publique paraissaient secondaires au regard de l'essor de la consommation et des loisirs qui marquait une nouvelle étape de l'histoire des sociétés développées. Une « morale du bonheur » commençait à prendre le pas sur les contraintes collectives et les sacrifices passés. Les accidents de la route, l'alcoolisme et le tabac, le taux de cholestérol et les maladies cardio-vasculaires étaient bien supérieurs à ceux d'aujourd'hui mais ils n'étaient pas perçus comme des maux à éradiquer à tout prix. Ils faisaient partie des risques inhérents à une époque où l'on entendait profiter au maximum de la vie au risque de sa santé.

L'histoire était alors marquée par une dynamique historique que rien ne semblait pouvoir arrêter. À la fin des années 1960, les autorités, les médias et l'opinion accordaient surtout leur attention à l'agitation et aux grèves dans la mouvance de Mai 68, à la guerre du Vietnam ou à la conquête de la Lune. L'idée de progrès demeurait ancrée dans les mentalités : « On s'était débarrassé de la tuberculose, de la variole, de la rage et on commençait à maîtriser le vaccin contre la rougeole. Les maladies infectieuses semblaient alors un fléau réservé au tiers monde[1]. »

Le contraste entre un passé millénaire et cette nouvelle donne historique de la modernité est frappant. Des historiens n'ont pas manqué de le rappeler : pendant des siècles, la mort fut présente et visible au sein des sociétés[2].

Dans ses *Essais sur l'histoire de la mort en Occident*[3], Philippe Ariès a souligné comment, au terme d'une évolution longue de plusieurs siècles, les sociétés modernes ont refoulé la mort de la vie quotidienne : « Oser parler de la mort, l'admettre ainsi dans les rapports sociaux, ce n'est plus comme autrefois demeurer dans le quotidien, c'est provoquer une situation exceptionnelle, exorbitante,

1. Frédérick KECK, anthropologue, cité par Raphëlle RÉROLLE, « Grippe de Hongkong, la pandémie oubliée », *Le Monde*, 9 mai 2020.

2. Au XIVe siècle, la peste noire décima le tiers de la population européenne et celle de 1720 tua 100 000 Provençaux, soit le quart de la population régionale. Au XIXe siècle, le choléra provoqua la mort de 200 000 Français en 1832 et 1854. Dans les années 1880, la tuberculose tuait chaque année environ 100 000 personnes dans une France de moins de 40 millions d'habitants, cf. Olivier FAURE, historien de la santé et professeur d'histoire contemporaine : « Non la France ne traverse pas la plus grande crise sanitaire de son histoire », *Figarovox*, 8 avril 2020. Quant à la variole, hors épidémie, elle était la principale cause de mortalité infantile. La variole a été officiellement déclarée éradiquée par l'OMS en 1979.

3. Philippe ARIÈS, *Essais sur l'histoire de la mort en Occident. Du Moyen Âge à nos jours*, Seuil, 1975.

et toujours dramatique. La mort était autrefois une figure familière, et les moralistes devaient la rendre hideuse pour faire peur. Aujourd'hui, il suffit de seulement la nommer pour provoquer une tension émotive incompatible avec la régularité de la vie quotidienne[1]. »

Ce sentimentalisme nouveau est concomitant de la disparition des rites ancestraux qui accompagnaient le deuil et maintenaient le lien avec la collectivité. On meurt de moins en moins à son domicile et on ne veille plus les morts à la maison ; l'hôpital est presque devenu un point de passage obligé, le nouveau lieu d'une agonie difficile à supporter.

Dans ce cadre déritualisé, la mort n'est pas seulement douloureuse et tragique, mais elle est aussi traumatisante. Quand la mort d'un proche survient, elle apparaît d'autant plus impensable qu'elle a été précédemment mise hors du possible. Elle peut alors être vécue comme un effondrement que l'on s'efforcera au plus vite d'oublier ou que l'on soignera avec des antidépresseurs.

Les immortels et les autres

Autrefois, la vieillesse pouvait être un « accident heureux » dans une vie jalonnée par les décès des

1. *Ibid.*, p. 170.

proches. Avec l'allongement de la durée de vie, la confrontation aux maladies graves et à la mort a été repoussée à un âge de plus en plus avancé pour une majorité de la population. Il en ressort une recomposition et une plus grande séparation entre les différents âges de la vie, entre le dynamisme de la jeunesse qui s'allonge et le sentiment de finitude de la vieillesse qui advient de plus en plus tard.

D'un côté, comme l'écrit justement le sociologue Paul Yonnet, des individus vivent dans un sentiment d'immortalité et un « univers mental d'omnipotence ». De l'autre, ceux qui se trouvent confrontés au sentiment de vulnérabilité de la vieillesse vivent avec cet « arrière-fond omniprésent, quand prendre des nouvelles de la santé de son interlocuteur n'est plus une simple politesse et que les rangs s'ajourent »[1]. Cette différence dans l'appréhension de la condition humaine entre les « immortels » et les autres coexiste au sein d'une société qui valorise la jeunesse et la performance. La pandémie est venue heurter de plein fouet ce sentiment d'immortalité et ce culte de la performance.

Les « immortels » et les autres n'ont pas appréhendé la pandémie de la même façon. La « génération inoxydable[2] » aujourd'hui vieillissante des

1. Paul YONNET, *Le Recul de la mort, op. cit.*, p. 231.
2. Michel CURIEL, *La Génération inoxydable*, Grasset, 1989.

soixante-huitards n'a pas été épargnée, alors que les jeunes générations moins touchées par le virus ont pu considérer que cette pandémie était avant tout une « affaire de vieux ».

Ce « recul de la mort » lié aux progrès décisifs de la médecine s'est accompagné de nouveaux droits et d'une nouvelle conception de la santé. Le préambule de la Constitution de la République française de 1946 stipule ainsi que la nation « garantit à tous, notamment à l'enfant, à la mère et aux vieux travailleurs la protection de la santé, la sécurité matérielle, le repos et les loisirs[1] ».

Dans ce cadre, l'État n'est plus seulement le protecteur des libertés face à l'arbitraire possible des gouvernants, mais les autorités publiques se doivent désormais de répondre à ces nouveaux droits dans la mesure de leurs moyens. Le « droit à la santé » s'intègre ainsi aux « droits-créances » (« droit à... ») dans le domaine économique et social. La santé n'est plus considérée comme inhérente aux aléas et aux limites de la condition

1. Préambule de la Constitution du 27 octobre 1946, Légifrance : www.legifrance.gouv.fr/contenu/menu/droit-national-en-vigueur/constitution/preambule-de-la-constitution-du-27-octobre-1946. La Déclaration universelle des droits de l'homme de l'ONU de 1948 le dit d'une autre manière : « Toute personne a droit à un niveau de vie suffisant pour assurer sa santé, son bien-être et ceux de sa famille, notamment pour l'alimentation, l'habillement, le logement, les soins médicaux ainsi que pour les services sociaux nécessaires. » Article 25, « Déclaration universelle des droits de l'homme », adoptée par l'Assemblée générale de l'ONU le 10 décembre 1948.

humaine, mais dépendante de conditions sociales que les États se doivent désormais, en principe, de garantir à la population. Les citoyens peuvent alors les faire valoir auprès de ce que l'on a appelé l'« État-providence ».

L'Organisation mondiale de la santé (OMS)[1] ira plus loin en formulant positivement une définition pour le moins irréaliste : « La santé est un état de complet bien-être physique, mental et social, et ne consiste pas seulement en une absence de maladie ou d'infirmité[2]. » Si l'on s'en tient littéralement à cette définition, on peut estimer que nombreux sont les malades qui s'ignorent. Comment parvenir à cet « état de complet bien-être physique mental et social » ?

En 1966, cette définition est reprise et accentuée dans les termes du « droit qu'a toute personne de jouir du meilleur état de santé physique et mentale qu'elle soit capable d'atteindre[3] ». Comment l'État peut-il garantir à chacun le

1. L'Organisation mondiale de la santé (OMS) est une agence de l'Organisation des Nations unies (ONU) qui dépend du Conseil économique et social des Nations unies.

2. « Préambule à la Constitution de l'Organisation mondiale de la santé, tel qu'adopté par la Conférence internationale sur la santé, New York, 19 juin-22 juillet 1946 ».

3. Article 12 du Pacte international relatif aux droits économiques, sociaux et culturels, adopté et ouvert à la signature, à la ratification et à l'adhésion par l'Assemblée générale de l'ONU dans sa résolution 2200A 5XXI° du 16 décembre 1966, en ligne : www.ohchr.org/fr/professionalinterest/pages/cescr.aspx

« droit de jouir du meilleur état de santé physique et mentale qu'il soit capable d'atteindre » ? L'intervention de ce dernier va s'étendre au-delà de la satisfaction des besoins économiques et sociaux dans une logique qui semble sans limites[1].

Quel terreau éducatif ?

Ces changements ne sont pas seulement d'ordre social, ils marquent une rupture importante avec l'ancien terreau éducatif, culturel et religieux. L'éducation chrétienne a imprégné pendant des siècles des générations de Français. Cette éducation n'évacuait pas la mort de notre horizon, même si elle pouvait verser dans le dolorisme valorisant la souffrance, la pénitence et la dévotion[2]. En dehors des traditionalistes qui rêvent du retour d'un « bon vieux temps » supposé, on peut s'interroger sur les effets de la déchristianisation dans notre appréhension de la vie et de la mort. À côté des religions traditionnelles, se développent de nouvelles formes de spiritualité diffuses qui dissolvent la vie et la mort dans un grand tout naturaliste et

1. Dominique SCHNAPPER, *La Démocratie providentielle. Essai sur l'égalité contemporaine*, Gallimard 2002.

2. Cf. « Une éducation chrétienne d'un autre âge », in *La France d'hier. Récit d'un monde adolescent. Des années 1950 à Mai 68*, Stock, 2018.

cosmologique aux allures de paganisme post-moderne[1].

L'appréhension de notre condition était également nourrie par la littérature, les arts et la philosophie. Dans le secondaire, l'enseignement des Humanités par l'étude des textes des anciens et des classiques[2] ouvrait à une sagesse qui intégrait pleinement la réflexion sur le tragique et la mort. L'appel à la maîtrise de soi à la fois par la raison et la force de volonté face aux souffrances et aux deuils, les mots de Sénèque selon lesquels « il n'est pas conforme à la Nature de se laisser briser par le chagrin[3] », peuvent-ils encore être compris à l'heure où le sentimentalisme victimaire paraît triompher ? « Nous tombons tous dans l'erreur de croire, écrivait-il, que seuls les vieillards et les êtres déjà sur le déclin glissent vers la mort alors que déjà notre petite enfance et notre jeunesse, et finalement tout âge, nous y conduisent[4]. » Face à l'allongement de la durée de vie et au jeunisme triomphant, quel écho ces propos sur la mort présente au sein même de la vie peuvent-ils encore avoir ?

---

1. Cf. le chapitre « De nouvelles formes de religiosité diffuse : développement personnel, néoboudhisme et écologie », in Jean-Pierre Le Goff, *Malaise dans la démocratie*, Stock, 2016.

2. Robert Kopp, *À quoi servent les Humanités ?*, Cahier de *Politique Autrement*, septembre 2017.

3. Sénèque « Consolation à Marcia », in *Consolations*, traduit du latin par Colette Lazam, Rivages poche, 1992, p. 97.

4. *Ibid.*, p. 127.

Il en va de même pour les *Essais* de Montaigne, lui qui entendait regarder la mort en face et pour qui « philosopher c'est apprendre à mourir », les *Sermons* et les *Oraisons funèbres* de Bossuet, les *Pensées* de Pascal, pour qui la conscience de la finitude est inséparable de la grandeur de l'homme car elle l'amène à développer son aptitude à penser. Qu'en est-il aujourd'hui de ces textes classiques et de cette sagesse antique qui ont continué d'imprégner des générations de lycéens à travers les manuels de littérature de Lagarde et Michard[1] ?

Existentialisme générationnel

Ma génération lycéenne et étudiante fut marquée par toute une littérature de la révolte et de l'engagement qui se confrontait au tragique de la condition humaine et de l'histoire. Les héros des romans d'André Malraux s'engageaient dans les grands conflits historiques avec la conscience aiguë de leur finitude. Et, plus encore que l'aventure et l'engagement, l'art était pour Malraux cet « anti-destin » par lequel l'homme affirme sa grandeur, à l'heure de l'érosion des grandes religions

1. Les ouvrages de Lagarde et Michard ont cessé d'être prescrits en milieu scolaire en 1992. Cf. No. PH., « À la manière de Lagarde et Michard », *Le Monde*, 9 octobre 2003.

et de la puissance de la science et de la technique : « Si le mot culture a un sens, déclarait-il, il est ce qui répond au visage qu'a dans la glace un être humain quand il regarde ce qui sera son visage de mort. La culture, c'est ce qui répond à l'homme quand il se demande ce qu'il fait sur la terre. Et, pour le reste, mieux vaut n'en parler qu'à d'autres moments : il y a aussi les entractes[1]. »

L'interrogation métaphysique sur le sens de la vie humaine s'intégrait alors à la philosophie, à la littérature et aux arts... Elle demeurait un élément de l'éducation de la jeunesse scolarisée et un héritage culturel transmis tant bien que mal à travers les générations.

Pour Camus, la certitude de la mort est un des éléments qui nous révèlent l'absurde de notre condition contre laquelle l'homme se révolte et qu'il dépasse en se réconciliant avec la beauté du monde, en faisant valoir la liberté et la solidarité en dehors de toute consolation religieuse ou idéologique. Pour l'existentialisme, la situation de l'homme dans le monde est caractérisée par une non-coïncidence avec lui-même et avec le monde qui l'ouvre à l'interrogation sur sa propre existence.

1. André MALRAUX, « Discours prononcé à l'occasion de l'inauguration de la maison de la culture d'Amiens, le 19 mars 1966 », in André Malraux, *La Politique, la culture,* Gallimard, « Folio essais », 1996, p. 323.

La réflexion sur l'expérience de la mort est particulièrement présente chez les grandes figures allemandes de l'existentialisme. Pour Martin Heidegger (1889-1976), l'« être-vers-la-mort » est l'une des structures de l'existence. L'homme authentique est celui qui rompt avec le monde de l'impersonnel, assume l'angoisse, se montre résolu et porte ses projets en se confrontant à la perspective de sa propre finitude. Pour Karl Jaspers (1883-1969), la mort fait partie de ces « situations limites » auxquelles l'être humain se heurte sans pouvoir les dominer ; il est alors confronté dans l'angoisse à sa propre existence qu'il assume comme telle, ce qui peut l'amener à choisir librement de faire le saut vers la transcendance. L'existentialisme chrétien développe une « ontologie de l'espérance[1] », et le personnalisme un « optimisme tragique[2] » qui s'incarnait dans un engagement éthique.

À la différence de ces conceptions, Sartre considère la mort comme un fait radicalement contingent qui ne peut m'appartenir en propre, c'est un non-sens qui vient brutalement mettre fin au projet qui est l'expression de ma liberté et ouverture sur l'avenir.

---

1. Emmanuel MOUNIER, *Introduction aux existentialismes*, Gallimard, « Idées », 1962, p. 74.
2. Emmanuel MOUNIER, *Le Personnalisme*, PUF, 1959, p. 32.

L'existentialisme pouvait alors apparaître comme la caractéristique d'une pensée dans un monde moderne marqué par la « mort de Dieu ». Ces conceptions de la vie humaine n'en introduisaient pas moins une réflexion en décalage avec l'optimisme scientifique et technicien de la seconde moitié du XXe siècle et les fantasmes de toute-puissance qu'il pouvait véhiculer.

Dans les années 1960, les sciences humaines ont commencé à reléguer les philosophies existentialistes de l'après-guerre au rang de « métaphysique pour midinette » pour reprendre une expression de Lévi-Strauss. Place donc à une intelligibilité qui va se réclamer de la science. Celle-ci paraissait alors salutaire face aux pensées vagues et opérait un recul vis-à-vis de notre propre culture. Mais, du même coup, n'avons-nous pas perdu un questionnement métaphysique qui intégrait le tragique, l'angoisse et la mort comme des données incontournables de notre condition[1] ? En devenant un objet de connaissance désincarné dans « le champ du savoir », la mort comme

1. La réflexion philosophique sur la mort n'avait pas pour autant disparu. En témoigne, entre autres, *La Mort* de Vladimir JANKÉLÉVITCH (Flammarion, 1966). Dans ce livre, l'auteur s'emploie à réfléchir à cette rupture radicale en maintenant le mystère. Il souligne l'étrangeté de la mort, son tragique et son caractère impensable tout en affirmant que la finitude est précisément ce qui donne sa valeur à la vie.

donnée existentielle n'a-t-elle pas été évacuée d'un monde moderne ouvert sur un progrès indéfini ?

Du progrès des Lumières à la démesure post-moderne

Cette idée de progrès indéfini ne date pas d'aujourd'hui. Elle est issue des Lumières et a pu apparaître comme une remise en cause des limites de la condition humaine. Dans son *Esquisse d'un tableau historique des progrès de l'esprit humain* (1795), Condorcet s'interroge sur la possibilité d'un progrès entraînant une prolongation infinie de la vie. Ce faisant, il anticipe de façon surprenante les évolutions de la société moderne : les « progrès de la médecine préservatrice, devenus plus efficaces par ceux de la raison et de l'ordre social, écrit-il, doivent faire disparaître à la longue les maladies transmissibles ou contagieuses, et ces maladies générales qui doivent leur origine aux climats, aux aliments, à la nature des travaux[1] ». Il en arrive ainsi à s'interroger sur une prolongation sans limite assignable de la vie humaine : « Serait-il absurde, maintenant, de supposer que ce perfectionnement de l'espèce humaine doit être regardé comme susceptible d'un

1. CONDORCET, *Esquisse d'un tableau historique des progrès de l'esprit humain*, Garnier-Flammarion, 1988, p. 294.

progrès indéfini, qu'il doit arriver un temps où la mort ne sera plus que l'effet d'accidents extraordinaires, ou de la destruction de plus en plus lente des forces vitales, et qu'enfin la durée de l'intervalle moyen entre la naissance et cette destruction n'a elle-même aucun sens assignable ? Sans doute l'homme ne deviendra pas immortel, mais la distance entre le moment où il commence à vivre, et l'époque commune où naturellement, sans maladie, sans accident, il éprouve la difficulté d'être, ne peut-elle s'accroître sans cesse[1] ? »

Reprenant, à sa façon, cette perspective, Edgar Morin, dans son livre *L'Homme et la Mort* (1951), l'orientera vers de nouveaux horizons où la raison finira par s'égarer. Après avoir dressé une vaste fresque des mythes et des conceptions de la mort jusqu'à l'époque contemporaine, il envisage un « avenir de la mort » marqué par une « amortalité » de l'homme s'affirmant progressivement au fil des années. Cette « amortalité » ne mettrait pas l'être humain à l'abri d'une mort finale, mais prolongerait la vie pour une période indéfinie entraînant une transformation de tous les plans de la vie : « C'est une autre société, une autre liberté, un autre mode d'existence que supposerait une pratique capable de réduire la mort[2]. »

1. *Ibid.*
2. Edgar MORIN, *L'Homme et la Mort*, Seuil, « Points », 1970, p. 348.

Edgar Morin en arrive même à imaginer une « mort cosmique », une intégration des consciences dans une « dialectique de l'amour où elles se dépouilleraient de leur individualité, imprégnant le cosmos et l'intégrant à elles ». L'évolution humaine rejoindrait ainsi l'évolution cosmique, « emportée dans son interminable explosion infinie, vers un Nirvana de fait »[1]. Edgar Morin essaie d'« imaginer l'inimaginable[2] ». Mais dans ce domaine (comme dans d'autres), il anticipe une évolution marquée par le développement de spiritualités éclectiques qui se sont développées dans les années 1960-1970 et continuent d'exercer leur fascination aujourd'hui sous d'autres formes.

« *Vivre et mourir en bonne santé* »

L'allongement de la durée de vie n'en est pas moins une donnée nouvelle qui recule de plus en plus loin la perspective de la mort et offre des possibilités inédites dans ce temps prolongé. Comme l'écrit justement Pascal Bruckner, de nos jours, « la vie n'est pas une maladie dont il faille

1. *Ibid.*, p. 350.
2. En 1970, dans ses nouvelles conclusions à ce livre, Edgar Morin prit une distance critique par rapport à de telles perspectives. Sous le couvert de la science, écrit-il alors, elles portaient la marque du mythe en essayant de trouver une échappatoire à la tragédie de la mort.

se remettre », « à tout âge le salut est dans le travail, l'engagement, l'étude »[1]. Cet « été indien de la vie » peut être aussi celui de la sagesse, de la reconnaissance et de l'émerveillement « devant la grâce d'un animal, d'un paysage, d'une œuvre d'art, d'une musique »[2].

Mais de telles perspectives ne peuvent pour autant effacer le tragique de l'agonie, de la proximité de la mort qui échappe à notre maîtrise, même quand on désire jusqu'au bout « revoir le printemps[3] ». Tout le monde ne peut pas vivre « comme si l'on disposait même à 70 ou 80 ans d'une allocation d'années supplémentaire, d'un âge d'or[4] ».

Être « vivant jusqu'à la mort » dans un désir de vivre qui implique la « mobilisation des ressources profondes de la vie »[5] ne ferme pas la porte à l'interrogation existentielle, métaphysique et religieuse sans pour autant sombrer dans un narcissisme ou une complaisance morbide. Dans ces domaines, il n'est pas de réponse qui vaille comme des évidences, qu'elles soient ou non portées par l'« air du temps ». Mais, jusqu'à

---

1. Pascal BRUCKNER, *Une brève éternité. Philosophie de la longévité*, Grasset, 2019, p. 255.
2. *Ibid.*, p. 256.
3. Paul YONNET, *Zone de mort*, *op. cit.*
4. Pascal BRUCKNER, *Une brève éternité…*, *op. cit.*, p. 256.
5. Paul RICŒUR, *Vivant jusqu'à la mort*, suivi de *Fragments*, Seuil, 2007.

présent, il n'est pas de civilisation sans que celle-ci demeure ouverte sur ce type d'interrogation.

On a reproché au pouvoir politique et aux médias d'être passés d'une sous-estimation de la pandémie à des déclarations trop alarmantes, sans compter les préconisations diverses et contradictoires en matière de protection sur la base d'un manque flagrant de moyens.

Mais par-delà ces réalités, c'est l'ensemble de la société qui n'était pas préparée à faire face à une telle pandémie. Non seulement par manque de moyens, mais parce qu'elle avait écarté le retour du tragique et de la mort de masse de son horizon. Cette pandémie a pu ainsi nous apparaître comme une catastrophe incompréhensible et injuste qui n'avait pas lieu d'être dans une société individualiste qui entretient le rêve de pouvoir vivre une jeunesse éternelle ou de mourir en bonne santé.

Chapitre 4

L'« hôpital-entreprise » face à la pandémie

L'honneur retrouvé du personnel soignant

Avant que ne se déclenche l'épidémie sur le territoire, l'hôpital était en crise depuis longtemps. Les effets désorganisateurs des 35 heures[1], le manque de personnel, l'inflation de la demande des patients, le tout accompagné de sévères contraintes budgétaires, avaient entraîné une extrême tension. Avec les grèves, les manifestations, les menaces de démission de chefs de service…, nul ne pouvait ignorer que l'hôpital public

1. L'instauration des 35 heures hebdomadaires au début des années 2000 était difficilement applicable aux diverses activités de soins qui ne se confondent pas avec les postes et les rythmes de travail d'une entreprise. Dans les établissements, les prévisions d'embauche n'avaient pas lieu. Pour augmenter leurs revenus, certains personnels soignants ont cumulé les activités en dehors de l'hôpital. Le manque de personnel pour assurer les remplacements et faire face à l'accroissement de la demande de soins a entraîné une surcharge de l'activité.

était parvenu à un point de rupture malgré les premières mesures prises par le pouvoir politique[1].

Avec la pandémie, le système hospitalier déjà mal en point a été mis à rude épreuve. Depuis des années, le personnel soignant n'en pouvait plus de travailler dans des conditions dégradées. Il sut y faire face avec les moyens du bord de façon exemplaire. Après avoir été précédemment considérés par certains comme des grévistes corporatistes ignorant la nécessité des contraintes budgétaires, les soignants devenaient soudain de nouveaux « héros » salués comme tels par les pouvoirs publics et la population.

Épuisement et détresse

Dans les régions davantage frappées par la pandémie, les hôpitaux ont dû affronter une situation à laquelle ils n'étaient pas préparés. Les personnels n'avaient pas été formés pour faire face à une épidémie de cette nature et les moyens faisaient cruellement défaut en termes de protection, de

1. Annoncé en septembre 2018 par le président de la République, le plan « Ma santé 2022 » entendait mieux organiser et coordonner les soignants en ville et ceux des hôpitaux autour de « projets de santé adaptés aux besoins des Français dans les territoires », « renforcer les actions de prévention », « maintenir à domicile le plus possible de personnes âgées », développer le numérique, réviser les carrières et les formations ».

tests, de lits disponibles, d'appareils de réanimation… L'angoisse de la contamination d'un virus jusqu'alors inconnu, le stress et la surcharge de travail liés à l'afflux de patients dans certains hôpitaux… constituaient autant de facteurs d'épuisement physique et psychique. Certains ont été contaminés et ont douloureusement vécu leur situation : « Ces soignants malades culpabilisaient à l'idée de contaminer leur famille, avec le sentiment d'abandonner leurs collègues. Très vite, ils devaient retourner au travail, la peur au ventre[1]. »

Ceux qui étaient affectés aux services de réanimation après une rapide formation ont dû faire face à des situations dramatiques. L'aggravation des patients en détresse respiratoire, le contact avec les familles éplorées, l'absence des rituels de deuil étaient psychiquement lourds à porter[2].

En mars, les visites des proches à un malade ou à un mourant étaient interdites sans accord de l'équipe médicale. Le ministère de la Santé interdisait la visite des proches aux résidents des Ehpad. Certaines directions des établissements hospitaliers avaient opté pour une interdiction totale des visites. Passant outre à ces directives inhumaines, des équipes autorisaient de brèves

1. Martine WONNER, in Yolande BALDEWECK, « Martine Wonner, une psy sur tous les fronts », *Le Figaro,* 7 août 2020.

2. François MIQUET-MARTY, « Il y a trois mois, on "verrouillait" les Ehpad », *Le Figaro,* 12 juin 2020.

visites aux proches des parents mourants, en prenant le plus possible de précautions. D'autres organisaient des appels téléphoniques ou vidéo pour maintenir un minimum de lien avec les familles. Les personnels des Ehpad firent globalement de leur mieux pour ne pas abandonner les résidents. Dans certains établissements, des équipes se sont confinées avec eux pour ne pas les laisser dans l'isolement.

Pour les rescapés de la réanimation, les visites des familles étaient limitées et strictement encadrées. Dans certains hôpitaux, le contact s'effectuait par des appels téléphoniques ou par des vidéos. Le reportage d'une journaliste du *Monde* décrivant comment le personnel soignant a détourné une sorte de robot (bras articulé surmonté d'un écran personnel) pour permettre aux familles de maintenir le contact, est particulièrement poignant :

« "Coucou maman, tu m'entends ?" La vieille dame ne répond pas. Elle garde les yeux mi-clos, le corps inerte. "Maman, c'est moi, reprend la voix claire. Tout le monde te fait des bisous. Il faut vraiment que tu t'accroches. Je suis là maman, ne t'inquiète pas." Silence. "Oh ma petite mère, s'étrangle la voix. Tu veux bien bouger ta main comme la dernière fois, que je sache que tu m'entends ?" La main ne bouge pas, les yeux cherchent à grand-peine d'où vient la voix sans la trouver puis se referment. "Tu es fatiguée, je te laisse te reposer. Bisous maman, je t'aime." Détresse à l'écran, détresse sur le lit d'hôpital. Étrange vision d'un monde dystopique et déshumanisé[1]. »

Des personnes âgées contaminées mouraient dans la solitude. Au nom d'un principe de précaution à l'égard des vivants, on gommait une dimension anthropologique constitutive de l'humain : l'accompagnement des mourants[2]. Les obsèques elles-mêmes étaient réduites au minimum et des personnes étaient incinérées sans que les familles aient leur mot à dire.

Cette situation a suscité l'indignation au sein des hôpitaux et des Ehpad, comme dans l'ensemble de la société. Elle restera comme l'un des épisodes les plus dramatiques de cette pandémie. Au nom d'un principe de précaution sanitaire poussé à l'extrême, une société moderne a traité de façon inhumaine les vieux, les mourants et les morts.

1. Faustine Vincent, « "Je suis un rescapé, je respire tout seul" : après la réanimation, le difficile retour à la vie des patients atteints par le Covid-19 », *Le Monde*, 18 avril 2020.

2. Stéphane Audoin-Rouzeau, « Nous ne reverrons jamais le monde que nous avons quitté il y a un mois », *Mediapart*, 12 avril 2020.

Initiatives et solidarité

Dans cette situation d'urgence, les bureaucraties administratives n'avaient pas disparu. Le directeur de l'agence régionale de santé Grand-Est déclarait tout bonnement qu'il n'y avait pas de raison d'interrompre les suppressions de lits et de postes au centre hospitalier de Nancy, alors que la région était l'une des plus gravement touchées par l'épidémie. Ses déclarations ont suscité un tollé et il a été promptement limogé.

Les directives à contre-temps, la fourniture de moyens de protection, de tests, d'appareils de réanimation… ont fait défaut ou sont arrivés avec retard. Les propositions d'aide et les initiatives issues de la société et du secteur privé se sont heurtées aux procédures longues de validation ; certaines ont été ignorées ou oubliées dans les méandres de l'administration, d'autres n'ont été prises en compte que partiellement ou tardivement…

Sans attendre les directives et les fournitures promises, les équipes médicales s'adaptaient au plus vite aux situations en faisant preuve d'ingéniosité. Comme l'a indiqué une infirmière : « Au moment du confinement, les directions n'ont pas eu d'autre choix que de laisser faire les agents de terrain, car ça devait être très rapide. Si on avait procédé comme d'habitude, tout aurait pris six mois[1]. »

Alors qu'antérieurement il fallait parfois attendre longtemps pour avoir des réponses aux multiples demandes, les procédures administratives ont été simplifiées. C'en était fini – au moins pendant un temps – des lourdeurs bureaucratiques qui minent l'esprit d'initiative, entretiennent le cynisme et le ressentiment. Oubliés l'« enfer paperassier[2] », les schémas directeurs d'organisation, les fermetures de lits, la tarification à l'activité… « Nous obtenions tout ce que nous demandions, témoignait un médecin exerçant dans un hôpital de Seine-Saint-Denis, jamais nous n'entendions parler de finance. Je me suis demandé s'il s'agissait d'un miracle ou d'un mirage[3]. »

Les hôpitaux n'étaient pas tous confrontés à un afflux de malades atteints par le virus et la réaction n'était pas partout la même. Mais, globalement,

1. Céline LAVILLE, présidente de la coordination nationale infirmière, citée par Samuel LAURENT, « Qui doit gouverner à l'hôpital . les médecins, les directeurs ou les agences régionales de santé ? », *Le Monde*, 10 juin 2020.

2. « Libérons l'hôpital du fléau bureaucratique », tribune collective de médecins enseignant dans les facultés de médecine et exerçant à l'hôpital public, *Le Figaro*, 3 mai 2020.

3. Hélène GROS, médecin au service des maladies infectieuses de l'hôpital Robert-Ballanger à Aulnay-sous-Bois, citée par François BÉGUIN et Élisabeth PINEAU, « Hôpitaux : la fin d'une parenthèse hors norme », *Le Monde*, 11 mai 2020.

la pandémie est venue bousculer et mettre en question ce monde bureaucratique qui se croyait incontournable et sûr de son bon droit.

Dans ces situations exceptionnelles, les rapports humains dans le travail sortent des habitudes et de la routine pour faire face collectivement aux défis et résoudre les aléas du quotidien. Les hiérarchies, les cloisonnements, les schémas rigides… cèdent la place aux liens d'entraide et de solidarité autour d'un objectif commun qui permet de dépasser ses propres intérêts, de mettre entre parenthèses les divisions et les rancœurs. « C'était comme une grande famille qui se retrouve, la glace qui se brise, des distanciations et hiérarchies qui n'existent plus, il y avait plus d'attention pour les brancardiers, les infirmières, les aides-soignants… C'est ce qui nous a permis de tenir alors qu'on était dans l'œil du cyclone[1]. »

Les personnels n'avaient pas seulement le sentiment d'« être utiles », mais, confrontés à des situations limites, ils ont donné le meilleur d'eux-mêmes sans compter, en assumant le risque d'être contaminés et de perdre leur vie, comme ce fut le cas pour certains d'entre eux. En dehors des valeurs générales et généreuses déclinées dans les chartes et projets en direction des personnels

1. Dr SIMON, médecin du centre hospitalier de Compiègne qui a été l'un des premiers à accueillir les patients atteints de Covid-19, citée par François BÉGUIN et Élisabeth PINEAU, art. cité.

comme des patients, l'« éthique » retrouvait son sens d'engagement personnel et collectif en situation.

Dans une société marquée par un individualisme exacerbé, l'oubli de soi et le sens du devoir n'avaient pas disparu. Ils resurgissaient face à l'épreuve que traversait le pays, renouaient le fil des solidarités et de l'appartenance collective. Étudiants en médecine et en pharmacie, élèves-infirmiers, retraités… sont venus aider les soignants dans les hôpitaux les plus surchargés ; des transports de malades en train médicalisé, par avion ou par hélicoptère ont été organisés pour évacuer des patients vers les hôpitaux des régions moins atteintes par l'épidémie ; de multiples initiatives de solidarité ont vu le jour au sein de la société… Autant d'éléments qui ont rompu la vision d'une France morcelée ayant perdu le sens civique et le patriotisme. Un tel élan concernait-il le pays tout entier et allait-il se prolonger par-delà le choc de la pandémie ?

Face à la bureaucratie gestionnaire et comptable

Ce qui s'est passé dans les hôpitaux est d'autant plus remarquable que le personnel soignant subissait depuis des années la pression d'une bureaucratie gestionnaire et comptable hors du commun.

Les agences régionales de santé (ARS) chapeautées par un Conseil national de pilotage (CNP)[1] étaient chargées de mettre en œuvre la « rationalisation » de soins et la « bonne gestion » des hôpitaux. Mises en place en 2010, sous le gouvernement de François Fillon, les ARS sont des « établissements publics d'État à caractère administratif » placés sous la tutelle du ministère de la Santé[2]. Ce dispositif avait été complété par le Comité interministériel de la performance et de la modernisation de l'offre de soins hospitaliers (Copermo[3]), disposant de pouvoirs importants au vu de la déclinaison de ses « objectifs prioritaires[4] ».

1. Il est composé des représentants du ministère de la Santé, des caisses de sécurité sociale et du ministère du Budget.

2. Elles ont remplacé les agences régionales de l'hospitalisation (ARH) créées en 1996 par le gouvernement d'Alain Juppé.

3. Ce comité a été mis en place par Marisol Touraine, alors ministre de la Santé en décembre 2012.

4. Ces objectifs visaient, entre autres, « la validation des projets d'investissement, la coordination des programmes nationaux d'amélioration de la performance et les modalités de retour à l'équilibre financier des établissements les plus en difficulté ». Cf. la circulaire interministérielle n° DGOS/PF1/DSS/DGFIP/2013/271 du 5 juin 2013 relative à la mise en place du Comité interministériel de la performance et de la modernisation de l'offre de soins hospitaliers (Copermo), en ligne : www.fhf.fr/Finances-FHF-Data/divers-dossiers-ayant-des-incidences-financieres-et-budgetaires/Circulaire-interministerielle-du-5-juin-2013-relative-a-la-mise-en-place-du-COPERMO

L'intervention de ces instances dans la gestion des établissements hospitaliers s'est traduite par une recherche effrénée d'économies budgétaires – aboutissant notamment à une réduction drastique du nombre de lits et à l'établissement du pouvoir des directeurs d'hôpitaux au détriment de celui des médecins, particulièrement des chefs de service. Cette politique a abouti à de multiples fermetures de structures évaluées comme non performantes et non rentables. On comprend dans ces conditions que ce système bureaucratique soit devenu la bête noire du personnel soignant et des élus des collectivités territoriales.

Les protestations et les critiques contre ces instances et les politiques suivies n'ont cessé de se développer sans que rien de fondamental ait changé avant que la crise sanitaire ne survienne. Tout au plus admettait-on quelques erreurs en haut lieu : les « coupes » avaient peut-être été trop importantes, on avait sans doute fait preuve d'un « excès » de bureaucratie et de centralisme... Ces organismes, disait-on, auraient pu être moins rigides mais restaient nécessaires.

Au regard de l'empilement des instances, des sigles, de la langue de bois managériale et de la multiplicité des outils d'évaluation auxquels a été soumis le personnel soignant, le mot « excès » apparaît comme un euphémisme. Dans ce domaine, la « tarification à l'activité[1] », en fonction du diagnostic et du soin prodigué, a constitué un modèle caricatural produisant des effets délétères.

Le soin comptable

Dénommée « T2A », la tarification à l'activité consiste en un codage informatique sophistiqué déterminant des « groupes de patients homogènes[2] » et des « groupes homogènes de séjours » élaborés à partir du recueil d'informations administratives et médicales des patients hospitalisés pour de courtes durées. Est ainsi déterminé le coût moyen d'un certain nombre d'actes médicaux, le tarif étant en fin de compte fixé chaque année par le ministère de la Santé, tarif sur la base duquel l'assurance maladie rembourse les établissements. En termes technocratiques : les GHM (groupes homogènes de malades) associés à des

1. Instaurée en 2004 pour corriger les effets pervers du financement global des hôpitaux et réduire leur déficit, cette méthode a été reprise et généralisée dans les différents plans de réforme des hôpitaux. Elle a ainsi constitué un mode central de financement pour les activités de médecine, chirurgie, obstétrique et oncologie pour les établissements de santé publics et privés.

2. Leur nombre serait d'environ 2 600 d'après un article du *Monde* : Camille STROMBONI, « "La seule chose qui compte, c'est d'avoir plus de malades" : l'hôpital et la course aux financements », *Le Monde*, 11 juin 2020.

GHS (groupes homogènes de séjour) élaborés à partir du PMSI (programme médicalisé des systèmes d'information) auraient permis une tarification à l'activité visant à « responsabiliser les acteurs » tout en renforçant les « outils de pilotage médico-économique ».

On peut se rendre compte de l'incroyable Meccano mis en œuvre et du jargon utilisé en consultant les trois volumes du *Manuel des groupes homogènes de malades* du ministère des Affaires sociales et de la Santé[1]. On y trouve, par exemple, à propos du « déroulement de l'algorithme de classement d'un séjour », les formulations suivantes : « Le RSS est classé dans une CMD selon le DP du séjour hospitalier (plus rarement selon son diagnostic relié (DR) ou selon l'un de ses actes) ; en cas de séjour mono-unité, donc de RSS "monoRUM", c'est le DP du RUM unique qui détermine la CMD ; en cas de séjour multi-unités (RSS "multiRUM") c'est le DP retenu par la *fonction groupage* parmi les DP des différents RUM constituant le RSS[2]. » Seuls les initiés peuvent être

1. Ministère des Affaires sociales et de la Santé, « Introduction à la classification des groupes homogènes de malades », *Manuel des groupes homogènes de malades*, 11e version de la classification, 6e révision (11g). Version 13.11g de la fonction groupage. Mise à jour au 1er mars 2015. Volume 1. Présentation et annexes générales, p. 3, en ligne : www.atih.sante.fr/sites/default/files/public/content/2708/volume_1.pdf

2. *Ibid.*

à même de décrypter un tel langage codé concernant un séjour à l'hôpital. Peut-on ranger des catégories de malades en fonction de leur maladie comme on classe n'importe quel produit ou activité dans des nomenclatures ?

Au départ, les différents gouvernements ont fait valoir cette méthode comme la seule apte à rationaliser les dépenses et à équilibrer les comptes, sans se soucier outre mesure des bouleversements qu'elle allait provoquer dans l'activité des soins et dans la conception de l'hôpital. Les « décideurs » ont fini par concéder que cette méthode était « complexe et fastidieuse ». On admettait qu'elle avait des aspects « dogmatiques » et pouvait avoir des « effets néfastes », tout en indiquant que cela dépendait de l'usage qu'en faisaient les managers et les « acteurs hospitaliers ». Tout au plus pouvait-on envisager quelques aménagements.

Il a fallu attendre février 2018 pour que le Premier ministre décide de remédier aux « effets indésirables[1] » de la tarification à l'activité. Il ne s'agissait pas de la supprimer mais « de la corriger, de la rééquilibrer[2] ». La ministre de la Santé Agnès Buzin reconnaissait elle aussi les effets

1. Déclaration du Premier ministre lors d'un déplacement au centre hospitalier d'Eaubonne (Val-d'Oise), le 13 février 2018.

2. *Ibid.* Le Premier ministre réitérait la promesse faite par Emmanuel Macron durant la campagne présidentielle de parvenir à un maximum de 50 % de tarification à l'activité à la fin du quinquennat.

négatifs d'un tel financement et qu'il fallait désormais « nuancer justement le poids de la T2A[1] ».

À vrai dire, ce n'étaient pas les « effets » de cette méthode qui étaient en question, mais son contenu et son appareillage. Ceux-ci incarnent une sorte de « folie rationnelle » dans leur prétention à tout maîtriser, à coder, évaluer et comptabiliser les activités de soins. La réduction des déficits ne saurait justifier une telle dénaturation des finalités et des pratiques thérapeutiques.

En évaluant les actes médicaux comme des activités commerciales, on renforçait la pression sur les médecins et le personnel soignant ; on rendait possible une course à la rentabilité en favorisant les activités avantageuses au regard de la T2A, notamment un certain nombre d'actes chirurgicaux. Il ne fallait pas être spécialiste déclaré pour se rendre compte qu'un telle machinerie technocratique allait déstabiliser les activités du personnel soignant, susciter le « ras-le-bol » et la colère. Reste la question : pourquoi avoir mis en place et valorisé un tel outil qui déstructure la façon dont les praticiens envisagent et donnent sens à leur activité ?

---

1. Dans son interview, « Chaque hôpital doit se poser la question de sa réorganisation », parue dans *Libération* le 8 avril 2018, Agnès Buzin reconnaissait qu'avec la tarification à l'activité, « les hôpitaux ont été obligés de se mettre en compétition avec d'autres acteurs sur des activités rentables ».

L'incroyable logomachie managériale

Les fiches méthodologiques élaborées par la « Direction générale de l'offre de soins du ministère des Affaires sociales et de la Santé » sont des exemples particulièrement révélateurs de cette incroyable logomachie managériale et comptable accompagnée de multiples « boîtes à outils ».

Le ministère a ainsi mis à disposition trente-quatre « fiches pratiques issues de l'expérience du Copermo performance et investissement ». Parmi elles, « Hospi Diag », un « outil de mesure, de comparaison, d'analyse et d'évaluation de la performance des établissements de santé ». Il comporte soixante-neuf « indicateurs » regroupés en cinq axes (activité, qualité des soins, organisation, ressources humaines et finances). Ces axes font eux-mêmes l'objet d'une « démarche d'analyse » en six points qu'il est « conseillé » de suivre afin de « structurer le raisonnement et surtout de ne pas oublier un indicateur indispensable dans l'analyse ».

Des « fonctionnalités avancées » étaient également disponibles pour faciliter l'utilisation de « Hospi Diag », telles que le « croisement guidé d'indicateurs », la « cartographie de la zone d'attractivité pour une visualisation aisée du rayonnement de l'établissement et une connaissance du taux de fuite », l'« indicateur de performance chirurgie ambulatoire », la « fiche de l'établissement », auxquelles s'ajoutait un « outil macro Excel » pour une « présentation simplifiée d'un ou de plusieurs établissements »[1]...

Parmi les outils de la « performance hospitalière[2] », l'un des programmes, baptisé du doux nom de « Simphonie » (*sic*), a pour objectif de « simplifier le parcours administratif du patient » en même temps que l'activité du personnel hospitalier en améliorant la facturation et en sécurisant le recouvrement. Sa présentation se décline en de nombreux items qui semblent parfois enfoncer des portes ouvertes : « ES2 Diffuser l'information – favoriser les échanges entre acteurs hospitaliers », « ES3 Professionnaliser et accompagner les acteurs hospitaliers »... D'autres renvoient à des sigles mystérieux : « Généraliser PESv2 recettes aller et retour », « Préparer la mise en place d'ENSU »... Il en va de même pour le « reporting des prestataires », la « trajectoire de généralisation, s'appuyant pour les EPS sur le

1. Ministère des Solidarités et de la Santé, « Efficience des établissements de santé. Une démarche d'amélioration reposant sur de nombreux leviers de performance », 22 novembre 2019, en ligne : solidarites-sante.gouv.fr/professionnels/gerer-un-etablissement-de-sante-medico-social/performance-des-etablissements-de-sante/efficience-des-etablissement-de-sante/efficience-hospitaliere

2. Direction générale de l'offre de soins, *La Performance hospitalière*, Paris Healthcare Week – 26 mai 2016.

GHT » ou encore pour l'« initiation de la phase d'expérimentation de ROC »[1] : pas simple à comprendre pour un non-initié.

Pendant des années, le personnel hospitalier a subi une logorrhée managériale, gestionnaire et comptable, un empilement de méthodologies, d'outils, de procédures, de guides... avec leurs « leviers », « indicateurs », « modes opératoires », « arbres de décision », « logigrammes », « grilles d'évaluation », « guides de bonne pratique », « fiches pédagogiques », sans oublier les tableaux Excel à remplir... Le tout émanait des instances gouvernementales relayées par des directeurs d'hôpitaux formés comme il se doit, sans oublier les organismes d'audit et de conseil pour qui les réformes hospitalières étaient un créneau porteur. Combien d'heures et de réunions passées à élaborer cette invraisemblable machinerie managériale et comptable au nom de la performance ? À quel prix ?

En novembre 2019, la colère des personnels soignants étant allée *crescendo*, le Premier ministre Édouard Philippe présentait un « Plan d'urgence

1. Direction générale de l'offre de soins, « Zoom sur le programme Simphonie », in *ibid.* Ce document fut présenté en mai 2016 lors de la « Paris Healthcare Week », considérée comme le « *top event* » de la médecine internationale à Paris. Cf. Réseau des CHU, « New : Paris Healthcare Week du 24 ou 26 mai 2016 », en ligne : www.reseau-chu.org/article/new-paris-healthcare-week-du-24-au-26-mai-2016/

pour l'hôpital[1] » qui devait être mis en œuvre dans l'année 2020. « Les personnels de santé n'en peuvent plus, déclarait-il alors. Nous avons entendu leur colère. Nous avons entendu leur épuisement. Nous avons entendu leur désarroi[2]. » Ce « plan d'urgence » intervenait tardivement et les primes accordées à certaines catégories apparaissaient insuffisantes et décalées au regard de la dégradation de la situation dans les hôpitaux.

Avec la pandémie, le président de la République, dans son discours du 12 mars, affirmait enfin publiquement que la santé ne pouvait pas être considérée comme un simple bien marchand[3]... Mieux vaut tard que jamais, en attendant les actes.

---

1. Ce plan entendait améliorer le quotidien des équipes hospitalières et l'attractivité des hôpitaux. La reprise d'une partie de la dette de l'hôpital à hauteur de 10 milliards d'euros sur trois ans et une série de primes pérennes pour certaines catégories du personnel, ainsi qu'une mission visant à réformer la gouvernance en renforçant la place des médecins et des soignants constituaient des mesures phares de ce nouveau plan.

2. Discours de M. Édouard PHILIPPE, Premier ministre. Plan d'urgence pour l'hôpital – Ma santé 2022, ministère des Solidarités et de la Santé, Paris, 20 novembre 2019.

3. « Ce que révèle cette pandémie, c'est qu'il est des biens et des services qui doivent être placés en dehors des lois du marché », *Adresse aux Français*, 12 mars 2020.

Les déboires de l'« hôpital-entreprise »

Depuis plus de trente ans, les évolutions de la gestion des établissements hospitaliers, menées par les différents gouvernements de gauche et de droite, avaient bouleversé les finalités et les activités de soins au sein des hôpitaux.

À partir des années 1980, l'entreprise a été érigée en pôle de référence et de modèle pour l'ensemble des activités sociales[1]. La comparaison effectuée en 1991 par un ministre délégué à la Santé sous le gouvernement de Michel Rocard était de ce point de vue significative : « On ne dispose pas d'informations médicalisées qui permettent d'évaluer l'activité de l'hôpital. C'est comme si on voulait gérer une entreprise qui fabrique des boulons en ne connaissant que le nombre de boulons produits. [...] L'hôpital public, j'en suis convaincu, peut encore faire d'énormes progrès, c'est-à-dire soigner aussi bien, et sans doute mieux, à coût égal ou à moindre coût. Comment voulez-vous mobiliser ces réserves de productivité pour la santé, si vous n'avez pas les outils d'observation et de

1. Cf. « L'hôpital-entreprise », in *Le Mythe de l'entreprise. Critique de l'idéologie managériale*, La Découverte, 1992, p. 79 ; *La Barbarie douce. La modernisation aveugle des entreprises et de l'école*, La Découverte, 1999 et 2003.

mesures adaptés[1] ? » L'hôpital était incité à une « gestion performante » en sachant que désormais les demandes de moyens supplémentaires de la part des hôpitaux seraient liées à la présentation de documents d'information médicaux et économiques.

Au fil des ans, cette politique s'est renforcée à travers les différents plans de réforme, l'instauration de la tarification à l'activité représentant un tournant décisif dans ce processus. Cette politique se présente dans une logique rationnelle et fonctionnelle visant la modernisation et la bonne gestion des hôpitaux, comme du reste de l'ensemble des services publics. Mais ces bonnes intentions demeurent aveugles sur un point central : l'insertion de cette modernisation dans des schémas et des modèles managériaux développant un modèle de la performance faisant fi des finalités et des modes de travail des différents domaines de l'activité sociale. Ce management a constitué une bureaucratie et une machinerie dénaturant les pratiques et le sens que les soignants donnent eux-mêmes à leur activité.

Introduit massivement dans un système bureaucratisé, ce management moderniste a abouti à un curieux mélange d'autoritarisme et

1. Bruno DUTREUX, ministre délégué à la Santé, *Le Monde*, 28 mars 1991.

de fétichisation des outils, entraînant une déstabilisation en chaîne des anciennes instances de pouvoir et des collectifs de travail. Une bureaucratie administrative fascinée par le management moderniste, accompagnée d'entreprises d'audit, de conseil et de formation parées des vertus de la rigueur budgétaire et de la modernité, a joué un rôle déterminant dans ce processus.

Ce qui s'est passé dans les hôpitaux depuis des dizaines d'années se retrouve, sous différentes formes et à différents degrés, dans l'ensemble du service public et plus largement[1]. C'est toute une langue de bois et un « parler creux sans peine » avec leur appareillage faussement savant et technicien qui ont envahi l'ensemble des activités sociales. Par leur activisme communicationnel et bureaucratique, ils entretiennent l'image d'une dynamique de modernisation perpétuelle et performante. Mais, loin de susciter l'adhésion des principaux concernés par les réformes, cette logomachie et ce bric-à-brac suscitent au contraire la méfiance et le mal-être dans le travail, créent des divisions et des blocages qui se retournent contre l'efficacité dont ils se réclament. En aura-t-on fini un

1. Arnaud TEYSSIER, « La pratique administrative a été pervertie par une insupportable doxa », *Le Figaro*, 26 avril 2020.

jour avec ce type de management qui déstructure le langage et le sens commun[1] ? Saurons-nous tirer les leçons de ce qui s'est passé dans les hôpitaux ?

1. Cf. *Les Illusions du management. Pour le retour du bon sens*, La Découverte, 1996 et 2000.

Chapitre 5

Fractures et malaise du confinement

L'épreuve de la pandémie ne s'est pas limitée aux drames de la maladie et de la mort, mais, pour la grande majorité de la population, elle a été avant tout synonyme de confinement. Pour la première fois dans l'histoire du pays, les Français étaient contraints de rester à domicile pendant près de deux mois, du 17 mars au 11 mai 2020. Ils ont globalement accepté cette situation par crainte d'une contagion massive mais leurs réactions étaient loin d'être homogènes.

Il ne fallait pas être grand clerc pour constater que le confinement n'était pas vécu de la même façon par tout le monde, selon les revenus, les conditions de logement, le fait d'avoir un emploi ou d'être au chômage, la possibilité ou non de pratiquer le « télétravail »..., mais aussi selon la situation géographique, l'âge, la situation familiale plus ou moins stable, le fait ou non d'avoir des enfants, l'éducation première et le niveau de formation, la culture et les mœurs. Toutes ces différences témoignent de fractures sociales et culturelles d'un pays morcelé.

Ambivalence des réactions et des réseaux sociaux

Face à la pandémie, beaucoup n'entendaient pas rester sans rien faire. Sans faire appel à l'aide de l'État qui paraissait débordé, ils ont pris de multiples initiatives : aide de proximité entre voisins et pour les personnes isolées, préparation de repas pour les soignants, gardes d'enfants, aide alimentaire pour les plus démunis, distribution de téléphones portables et d'ordinateurs pour les familles défavorisées, soutien scolaire pour les jeunes en difficulté, aides aux SDF et aux migrants...

Dans une situation où les déplacements étaient limités et encadrés, le téléphone, Internet et les réseaux sociaux jouaient un rôle majeur. Les appels par téléphone ou par vidéos pour prendre des nouvelles des proches et des personnes isolées, les applications pour organiser l'entraide... se multipliaient. Les demandes d'engagement dans les associations caritatives se multipliaient ;

le bénévolat jusqu'alors assuré par des personnes âgées connaissait, sur le moment, un renouvellement de générations. À cette occasion, de nouveaux liens se sont tissés, rompant avec l'anonymat des rapports humains dans les grandes villes et permettant de quitter l'« entre-soi ». La période de confinement faisait ainsi apparaître un élan de générosité et de solidarité qui a rompu avec le pessimisme et l'individualisme ambiant.

La part d'ombre de l'humanité et les usages délétères des réseaux sociaux n'avaient pas disparu pour autant. Dans cette période déstabilisante, les fausses nouvelles et les thèses conspirationnistes se répandaient ; il en allait de même des harcèlements et des escroqueries. Quant aux attaques informatiques, elles connaissaient une augmentation sans précédent[1].

Les comportements des citoyens confinés n'étaient pas non plus tous exemplaires. Des vols de masques et de matériel médical ont eu lieu ; des soignants ont subi des pressions, reçu des

1. Selon deux experts de sociétés privées de surveillance et de protection des données interrogés sur France Inter, le 5 mai 2020, « depuis janvier 2020, avec la crise du coronavirus, on a constaté une augmentation de plus de 30 000 % des attaques informatiques de type hameçonnage (*fishing* en anglais), des logiciels malveillants (*malwares*), des sites malicieux qui ciblent des utilisateurs à distance. En janvier, on avait constaté 1 200 attaques informatiques liées au Covid-19… et on en était à 380 000 cyber-attaques début avril ! », en ligne : www.franceinter.fr/justice/cybercriminalite-avec-le-confinement-les-attaques-ont-augmente-de-30-000

lettres anonymes de propriétaires ou de voisins les incitant à quitter leur logement par crainte de contamination. Ces délations et ces actes minoritaires ont aussitôt suscité l'indignation. De leurs fenêtres ou de leurs balcons, certains n'hésitaient pas à photographier les contrevenants aux consignes du confinement avec leur smartphone et à envoyer la photo à la police. La « démarche citoyenne » visant à éviter la contamination avait souvent bon dos pour régler des comptes personnels et de voisinage. Les policiers pouvaient même recevoir des appels délirants accusant les juifs ou les musulmans d'avoir introduit le Covid-19[1]. Ces pratiques pouvaient rappeler les heures sombres de l'Occupation et de la Collaboration, mais elles demeuraient minoritaires, les médias et les réseaux sociaux produisant un effet grossissant et des réactions en chaîne.

Plus significativement, le confinement a vu une recrudescence des signalements de violences intrafamiliales envers les femmes[2] et les enfants[3].

1. Cf. Alexandre Kauffmann, « Le retour des “corbeaux” », *Le Monde*, 10 avril 2020.

2. Mission ministérielle pour la protection des femmes victimes de violence et la lutte contre la traite des êtres humains (Miprof), *Les Violences conjugales pendant le confinement. Évaluation, suivi et propositions*, juillet 2020. Ce rapport fournit des données statistiques sur les violences conjugales pendant le confinement à partir des différents numéros d'écoute et des dispositifs de signalement.

3. Du 13 au 19 avril 2020, plus de 14 500 appels ont été reçus au service national d'accueil téléphonique pour l'enfance en danger,

Selon la mission interministérielle pour la protection des femmes victimes de violences, le confinement n'avait pas un effet déclencheur mais a été plutôt un révélateur des violences conjugales avec un effet aggravant dans certaines situations[1].

Comme l'avait dit le Premier ministre : « Dans ces périodes de crise, nous allons voir ce que l'humanité a de plus beau et aussi ce qu'elle a de plus sombre[2]. »

Trafics, ensauvagement et violences

Les contraintes du confinement avaient mécaniquement fait chuter les chiffres de la délinquance et rendu plus difficile l'économie souterraine. Mais l'exacerbation de la concurrence s'était traduite par une accentuation de la « guerre des territoires » et des règlements de comptes pour le partage du marché. Les trafiquants de drogue et les *dealers* faisaient preuve d'ingéniosité en développant la « cannabiculture », l'offre sur les réseaux sociaux et la livraison par la poste ou à domicile malgré les restrictions de circulation.

---

soit une augmentation de 89 % du nombre d'appels par rapport à l'année 2019 à la même période. Cf. communiqué du 22 avril 2020 du secrétariat d'État chargé de la protection de l'enfance.

1. Cf. *Les Violences conjugales pendant le confinement…*, *loc. cit.*

2. En réponse à une question lors de la séance de questions au gouvernement à l'Assemblée nationale, le 19 mars 2020.

Pour les jeunes désocialisés, les consignes du confinement étaient d'autant plus insupportables qu'ils étaient habitués à se regrouper et à errer jusque tard dans la nuit, toujours prêts à s'en prendre à la police et aux pompiers à la moindre occasion. Dans ce domaine, comme dans d'autres, il fallait « faire avec » au mieux en évitant de « mettre de l'huile sur le feu ». Au moment même où les sanctions étaient alourdies contre ceux qui ne respectaient pas le confinement, des consignes étaient données d'« agir avec discernement » et d'« éviter les incidents » dans les banlieues et les quartiers dits « sensibles »[1].

Malgré les consignes données, les « incidents sporadiques » avec la police s'exacerbaient. Le 18 avril, à Villeneuve-la-Garenne, en région parisienne, un jeune homme qui circulait sans casque sur une motocross se fracturait la jambe après avoir heurté la portière d'une voiture de police banalisée. Cet accident fut d'emblée considéré par les jeunes de la cité comme une « bavure policière », voire une tentative de meurtre délibérée.

1. Alors que plusieurs quartiers étaient en proie à des violences urbaines en Île-de-France, la préfecture de police avait demandé aux agents d'« éviter toute action contre les perturbateurs sur les interventions ne présentant pas de risques de danger et de propagation afin d'éviter d'avoir des fonctionnaires blessés ». Cf. Thibaut CHEVILLARD, « Coronavirus : "Éviter tout contact avec les perturbateurs..." Les consignes transmises aux agents offusquent les syndicats de police », *20 minutes*, 23 avril 2020.

Des affrontements et des dégradations avaient lieu dans plusieurs communes des Hauts-de-Seine, en Seine-Saint-Denis, dans les Yvelines ou encore à Toulouse, Strasbourg et en banlieue lyonnaise[1].

Ce n'était pas nouveau. Depuis de nombreuses années, le scénario était le même : jets de pierres et de projectiles divers sur les voitures de police ou de pompiers, tirs de mortiers d'artifice, incendies de poubelles, de voitures et de camionnettes en stationnement, dégradations ou destructions de bâtiments administratifs et sociaux... Quelques dizaines de jeunes suffisaient pour attirer l'attention. Les affrontements étaient filmés avec les smartphones, diffusés sur les réseaux sociaux avec effet de mimétisme. Témoignages et reportages médiatiques, emballement des réactions : pour les jeunes déstructurés et délinquants, il importait d'« en être », faute d'exister autrement.

Durant le confinement, la crainte du retour possible d'une émeute généralisée des « banlieues » comme en 2005[2] était omniprésente. Au

1. « Entre le 17 mars et le 5 mai, 379 faits de violences urbaines visant des policiers, dont 79 guet-apens, ont été recensés dans les secteurs dépendant de la Direction générale de la police nationale et de la préfecture de police de Paris. Soit une moyenne d'un peu plus de sept événements par nuit de confinement, avec 43 policiers blessés. Cf. Jean CHICHIZOLA, « La carte des violences urbaines pendant le confinement », *Le Figaro*, 6 mai 2020.

2. Les émeutes de 2005 se sont déclenchées à la suite de la mort de deux adolescents à Clichy-sous-Bois électrocutés dans un local d'EDF où ils s'étaient réfugiés pour échapper à la police. Elles se

regard de cette dernière, le ministère de l'Intérieur pouvait qualifier ces violences répétées de « faits de basse intensité » en soulignant qu'il y avait peu de dégâts matériels et un retour au calme assez rapide. Un début d'incendie d'une école primaire à Gennevilliers (Hauts-de-Seine), dans la nuit du 21 au 22 avril, avait certes eu lieu, mais, soulignait-on, cela n'avait rien de comparable avec les émeutes de 2005 où 300 bâtiments avaient été détruits. Les violences pendant le confinement pouvaient ainsi apparaître mineures et finalement provoquer un certain soulagement. On s'habitue à tout. L'ordre républicain, malgré les grandes déclarations, devait s'accommoder de quelques aménagements, surtout dans cette période hors du commun.

Par crainte d'un embrasement, la majorité des familles confinées dans des conditions difficiles subissaient les désordres et les violences de bandes d'adolescents désocialisés, en attendant la reconquête des « territoires perdus de la République » annoncée depuis longtemps.

---

sont répandues rapidement dans d'autres communes en région parisienne et en province pendant près d'un mois (du 27 octobre au 17 novembre), entraînant d'importants dégâts matériels, des blessés et quatre morts pendant les événements. Le couvre-feu avait été décrété par le gouvernement dans les territoires touchés par ces émeutes.

Le « cocon familial » en question

D'autres familles vivaient le confinement plus confortablement. Les regroupements familiaux temporaires pouvaient ainsi constituer un refuge salutaire pour les étudiants ou les jeunes couples dont les parents ou les grands-parents disposaient d'une maison avec jardin ou d'une résidence secondaire.

Mais plus le confinement durait, plus les relations en vase clos risquaient de se dégrader, malgré les bonnes volontés et les bons sentiments. De nombreux thérapeutes, attitrés ou non, prodiguaient leurs conseils, dont beaucoup paraissaient désarmants. « Lorsqu'on n'est pas bien ou en colère, disait une psychiatre-psychothérapeute, il faut faire une coupure psychologique ou réelle en s'isolant dans une pièce : la salle de bains, les toilettes[1]... » Il suffisait d'y penser.

Des parents bien intentionnés élaboraient des « chartes » pour « réguler le quotidien des familles confinées[2] avec leurs listes de droits, de devoirs et de bons comportements (mettre le couvert et débarrasser la table, par exemple,

1. Citée par Clara GÉLIOT et Laurence HALOCHE, « Une vie confinée... au féminin », *Le Figaro Magazine*, 10 avril 2020.

2. Stéphane KOVACS, « Des chartes pour réguler le quotidien des familles confinées », *Le Figaro*, 19 mars 2020.

le temps d'écran pouvant être la « variable d'ajustement »). Il ne s'agissait pas d'« imposer » quoi que ce soit, les enfants devant être « corédacteurs » et signer avec les parents les chartes en question. Dans certaines familles, celles-ci étaient considérées comme un « outil d'activités familiales » et de « prévention des violences », des cris et des disputes. S'y ajoutaient plannings quotidiens ou de la semaine et une « boîte à idées "spéciale gestion de crise" »[1].

Une conseillère conjugale préférait plutôt présenter la situation familiale en « imaginant que cette période d'autarcie s'apparente à une traversée familiale de l'Atlantique sur un petit bateau ». Cela permettrait d'« instaurer l'esprit d'équipe » et de « rappeler la hiérarchie » : « Les parents partagent le commandement, mais le navire ne peut naviguer sans l'aide de l'équipage[2]. » Que n'inventerait-on pas pour tenter de restaurer en douceur et sans à-coups une autorité qui fait défaut ou qui a du mal à s'affirmer clairement ?

« Se respecter », « s'entraider », « maintenir un climat acceptable » et autres bonnes intentions s'avéraient difficiles dans des logements exigus, qui plus est avec des enfants ou des adolescents

1. *Ibid.*
2. *Ibid.*

turbulents. Les parents qui continuaient de travailler tout en s'occupant des enfants étaient vite épuisés physiquement et psychiquement. Les « familles monoparentales » – autrement dit les femmes seules avec enfants –, les familles « recomposées » ou « élargies », avec enfants issus de plusieurs lignées, se débrouillaient tant bien que mal. Quant aux enfants de parents séparés, ils étaient autorisés à faire des allers et retours chez chacun des deux au titre de « motif familial impérieux »[1]. Le repli sur le « cocon familial », qu'il soit ou non « recomposé », n'était pas forcément un refuge de tout repos.

Les vertus problématiques du télétravail

Avec le confinement, le télétravail a connu une extension inattendue et a fait l'objet de nombreux commentaires valorisants. Fin mars, un salarié sur quatre était en télétravail[2]. Et les Français semblaient y prendre goût[3]. À lire de

1. Solène CORDIER, « La famille, valeur refuge pour affronter la crise liée au Covid-19 », *Le Monde*, 30 juin 2020.

2. Dares, « Activité et conditions d'emploi de la main-d'œuvre pendant la crise sanitaire Covid-19 », avril 2020, en ligne.

3. Selon un sondage réalisé par Deskeo, premier opérateur de bureaux flexibles en France auprès de 2 736 professionnels, après une semaine de confinement 76 % des Français concernés regrettaient leur bureau. Après quatre semaines 62 % des sondés exprimaient l'envie de continuer de travailler à distance après la pandémie.

nombreux articles et commentaires, chacun pouvait y trouver son compte en termes de coût et de temps de transport, de concentration dans le travail et de productivité. Le télétravail amenait les entreprises à créer de nouveaux modes d'organisation du travail et de management à qui l'on prêtait de nombreuses vertus. Un sociologue parlait à ce propos de « temps retrouvé » et d'« autonomie retrouvée » : « Les salariés ont récupéré une capacité personnelle d'organisation qui a été pour eux une sorte d'émerveillement. Ils se sont dit : je peux organiser mon travail comme je le veux, et cela marche très bien comme cela[1]. »

Pour les modernistes à tout crin, l'extension du télétravail ne relevait pas d'une situation temporaire liée au confinement mais d'une « révolution ». Après la pratique de la bicyclette baptisée par des journalistes « vélorution[2] », la « révolution du télétravail[3] » annonçait elle aussi un « après »

Cf. Maurice MIDENA, « Les Français prennent goût au télétravail », en ligne : www.forbes.fr/management/les-francais-prennent-gout-au-teletravail/

1. François DUPUY, « Isolement ou "temps retrouvé" ? », *L'Obs*, 8 octobre 2020.

2. Frédéric POTET, « Vélorution culturelle », *Le Monde*, 11 juillet 2020 ; Philippe BERNARD, « Longtemps espérée, la révolution du vélo a enfin lieu. Mais elle tourne à l'embrouille générale », *Le Monde*, 3 octobre 2020.

3. Éric ALBERT, Cécile BOUTELET, Isabelle PIQUER, Béatrice MADELINE, Anne-Françoise HIVERT et Olivier BONNEL, « À travers l'Europe, la révolution du télétravail », *Le Monde*, 24 août 2020.

qui ne ressemblerait plus à l'« avant ». Après en avoir connu beaucoup d'autres, une nouvelle « nouvelle culture du travail » était en gestation. Malgré les contraintes, le confinement avait décidément du bon.

La réalité était, là aussi, plus équivoque. Le confinement devenait un accélérateur d'un phénomène qui avait commencé précédemment et concernait avant tout certains secteurs d'activité[1] et des catégories professionnelles particulières[2]. Il ne pouvait s'appliquer à toutes les tâches, et les capacités d'autonomie et d'organisation étaient variables selon les individus. Certains ne tenaient pas particulièrement à être autonomes et préféraient travailler en entreprise. Malgré les critiques que l'on pouvait porter à cette dernière, elle constituait un collectif de référence structuré et ils ne tenaient pas à mélanger le travail et la vie à domicile.

La valorisation du télétravail passait outre à une dimension essentielle de l'activité en entreprise :

1. Entre le 23 et le 27 mars, la part des salariés en télétravail était de 63,1 % pour le secteur de l'information et de la communication ; 55,3 % pour les activités financières et d'assurance ; 41,5 % pour les activités immobilières ; 38,2 % pour les activités scientifiques et techniques, services administratifs de soutien. Cf. Anne RODIER, « Télétravail : ce qu'en retiennent les entreprises », *Le Monde*, 17 mai 2020.

2. Fin mars, 70 % de cadres, 23 % d'employés et 8 % d'ouvriers du secteur privé étaient en situation de télétravail. *Ibid.*

celle des « temps morts » et des « échanges informels » qui font partie de la sociabilité, humanisent les rapports de travail et sont un facteur d'efficacité. Les pauses, les rencontres autour de la machine à café, les repas avec les collègues… permettent la circulation de l'information et l'entraide, indispensables pour résoudre les aléas de l'activité quotidienne ; ils régulent, autant que faire se peut, les contradictions et les conflits. Dans ces domaines, les liens qui passent par les technologies de l'information et de la communication sont loin de valoir la rencontre directe et l'échange de vive voix dans les rapports humains. Les conflits ont même plutôt tendance à s'envenimer par écrans interposés, par mail ou par SMS.

Avec le télétravail, l'encadrement n'avait pas miraculeusement disparu. Tout dépendait des relations avec sa hiérarchie directe. Si la méfiance existait auparavant, elle avait toutes les chances de se reproduire à distance par un renforcement des pressions et des contrôles en ligne. Les rapports individualisés du travail, même médiatisés par les techniques de communication et d'information, pouvaient aussi aboutir à du harcèlement. Contrairement aux beaux discours, qu'on le veuille ou non, le travail à la maison demeurait un temps contraint et non un « temps pour soi ». Certains pouvaient y trouver leur compte, d'autres non, sans que l'on puisse en faire un modèle général et y voir une nouvelle « révolution »[1].

Pour ceux qui ont vécu le confinement en solitaire et qui ne disposaient pas d'espace et de moyens suffisants, l'engouement pour le télétravail n'a pas duré longtemps. Il en allait de même pour ceux qui étaient confinés en famille et étaient constamment sollicités. Au travail sur ordinateur et aux visioconférences qui nécessitent de la concentration, sans compter les coups de téléphone, les SMS et les textos..., s'ajoutaient les tâches ménagères, l'éducation des enfants qui n'allaient plus à l'école, tout particulièrement pour les femmes, qu'elles soient cadres ou non.

L'érosion des frontières entre la sphère professionnelle et la vie privée n'était pas entièrement nouvelle, surtout pour les cadres d'entreprise surchargés travaillant tard le soir, voire les week-ends, ramenant leurs dossiers et leur stress à la maison. Le télétravail à plein temps en période de confinement allait plus loin : il faisait sauter les barrières qui protégeaient encore la vie privée de la vie professionnelle. Il ajoutait une charge mentale supplémentaire aux activités domestiques et aux

1. Selon un sondage d'OpinionWay – Square Management pour le journal *Les Échos*, 40 % des sondés souhaitaient réitérer l'expérience du télétravail avant tout de façon ponctuelle et non à temps complet. Cf. Guillaume de Calignon, « Sondage exclusif. Les Français séduits par le télétravail », *Les Échos*, 19 mai 2020.

préoccupations familiales. On comprend, dans ces conditions, qu'après un temps de découverte et d'engouement pour le télétravail, des salariés aient désiré retrouver au plus tôt leur place en entreprise pour éviter l'épuisement et la dépression.

Thérapies en tout genre

Plus le confinement durait, plus les déséquilibres s'accentuaient. Psychiatres et psychologues, en contact avec le personnel soignant et les populations les plus fragiles, aidaient à soulager les populations les plus touchées. Pendant cette période, les pratiques addictives (tabac, alcool, cannabis, écrans…) augmentaient pour supporter l'angoisse face à la pandémie, la perte des repères, la solitude et l'ennui[1]. Des « cellules psychologiques » et des « numéros verts » adaptés à cette période se multipliaient. Ces différentes formes d'aide à la « détresse psychologique » n'étaient pas nouvelles non plus, mais elles connaissaient un essor pour tenter d'endiguer l'accentuation du phénomène.

1. « Confinement, télétravail et comportements addictifs, le point de vue des Français », étude réalisée du 8 au 9 avril 2020 auprès de 1 003 Français, par Odoxa GAE Conseil, en ligne : www.odoxa.fr/wp-content/uploads/2020/04/dossier-de-presse_sondage-addictions.pdf

Les pédopsychiatres s'inquiétaient des effets du confinement sur les plus jeunes et les adolescents. Les appels réitérés à favoriser la lecture, l'art, le sport, les conseils en bonne éducation et « performance éducative », n'avaient pas empêché le développement de la consommation audiovisuelle (films, série, clips, jeux vidéo...)[1]. L'exhibition de soi sur les réseaux sociaux avait continué de plus belle avec les risques qui lui sont inhérents. Les effets bien connus du temps trop important passé devant les écrans ont suivi : accroissement de la sédentarité, perte de sommeil, troubles de l'attention, déséquilibre émotionnel, appauvrissement des relations familiales[2]...

Participant du « maillage des soins psychiques et de la santé mentale », les psychologues se devaient d'être présents. Le syndicat national des psychologues appelait ainsi à la

---

1. Chez les enfants et les adolescents (de 6 à 18 ans), le temps d'écran a atteint trente heures par semaine, soit plus de quatre heures par jour (contre vingt heures par semaine avant le confinement) selon une étude réalisée par Harris Interactive pour l'association Assurance prévention. Chez les lycéens, le temps d'écran a été de 10,7 heures par semaine en moyenne (contre 6,5 heures avant le confinement) pour la télévision, 11,4 heures pour Internet (contre 7,3 heures) et 8,4 heures sur les réseaux sociaux (contre 5,4 heures). Au total le temps de sédentarité a augmenté de 50 %. Cf. Pascale SANTI, « Le confinement a encore aggravé la sédentarité des enfants », *Le Monde*, 28 juin 2020.

2. Michel DESMURGET, « À cause du confinement, le temps passé devant des écrans à des fins récréatives est désormais insensé », *Figarovox*, 2 juin 2020.

« téléconsultation pour tous » pour assurer un soutien continu pendant le confinement[1]. Beaucoup de séances étaient reprogrammées par téléphone, par mail ou par SMS, ou encore par visioconférence.

Les consultations par téléphone ou en « visio » permettaient malgré tout de « partager son trauma » avec une « personne de confiance », de créer une « nouvelle forme d'intimité, une autre proximité sensorielle »[2]. Ce nouveau type de relation, observait-on, produisait en outre une « désinhibition numérique », permettant de dire des choses que le patient n'aurait jamais osé dire en présence du psychologue.

Le confinement produisait aussi ses effets chez les psychanalystes qui durent adapter leur pratique pour continuer à suivre leurs patients. Certains s'étaient résignés à mener leur séance en vidéo ou par téléphone, d'autres non. On ne pouvait évacuer la question : que devenait le divan dans ces conditions ? Déstabilisés à l'idée de perdre les « rituels » auxquels les séances les avaient habitués, des patients faisaient preuve d'imagination : « Pour recréer le divan, certains n'ont pas hésité

1. Syndicat national des psychologues, cité par Léa IRIBARNEGARAY, « Psychologues et patients s'adaptent aux exigences du confinement », *Le Monde*, 31 mars 2020.

2. Élise KARLIN, « Révolution sur le divan », *Le Monde Le Magazine*, 28 août 2020.

à s'installer dans leur voiture, le siège passager légèrement incliné – “avec le téléphone un peu derrière”. En haut-parleur, au bout du fil, leur psychanalyste[1]. »

Des thérapeutes plus terre à terre prodiguaient des conseils relevant d'un bon sens oublié, retraduit en termes adaptés au nouvel air du temps : « structurer son espace et son temps », « instaurer de nouveaux rituels », « tenir son journal de bord du confinement »... D'autres délivraient des recommandations aux allures de méthode Coué : « Imaginez-vous des moments agréables, filmez-les comme une vraie séance de cinéma. Même si ce n'est qu'en imagination, votre cerveau et votre esprit ont traversé un moment agréable, l'ont vu, presque déjà vécu en attendant de le vivre vraiment le plus rapidement possible[2]. »

Le contraste était, là aussi, saisissant. Des malades dans les hôpitaux mouraient seuls et étaient enterrés à la sauvette ; dans les Ehpad, des personnes âgées isolées dans leur chambre, coupées du monde et de leurs proches, pouvaient se laisser mourir ; sans parler des malades mentaux dans les hôpitaux psychiatriques ou en rupture de

---

1. Léa Iribarnegaray, « Psychologues et patients s'adaptent aux exigences du confinement », art. cité.

2. Psychiatre cité par Marlène Dutrez, « Apprivoiser ses émotions, un défi de taille dans les foyers », *Le Monde*, 10 avril 2020.

soins pendant le confinement[1], des prisonniers dans des prisons surpeuplées, privés de parloirs et d'activités, des SDF ou des immigrés clandestins... Dans de nombreux cas, misère sociale et misère psychologique se combinaient sans que les aides sociales et psychologiques changent grand-chose à des déstructurations anthropologiques individuelles et collectives de longue date.

La pandémie et le confinement les accentuaient, tandis que de multiples discours les enveloppaient de considérations venant d'un autre univers social et culturel où l'on vivait autrement.

1. Nombre d'hôpitaux de jour ont été fermés pendant le confinement ou n'ont assuré qu'un accueil minimum comme dans les centres médico-psychologiques. Cf. Faustine VINCENT « Covid-19 : la vague psychiatrique monte », *Le Monde,* 11 juillet 2020. Catherine VINCENT, « La très grande souffrance de la psychiatrie française », *Le Monde,* 17 juillet 2020.

Chapitre 6

Retour sur soi et loisirs en vase clos

Un certain état des mœurs

L'un des traits marquants de cette période est le contraste frappant entre le tragique de la pandémie exposé chaque jour dans les médias et les mille et un conseils pour s'occuper de soi en période de confinement.

Ce moment critique où le repli sur le privé pouvait verser facilement dans la rumination et la dépression a été présenté paradoxalement comme l'occasion de « retrouver le sens de l'essentiel[1] » ou de se faire plaisir en s'exerçant à de multiples activités de loisirs à domicile.

1. « En restant chez vous, occupez-vous de vos proches qui sont dans votre appartement, dans votre maison. Donnez des nouvelles, prenez des nouvelles. Lisez, retrouvez aussi ce sens de l'essentiel. Je pense que c'est important dans les moments que nous vivons. La culture, l'éducation, le sens des choses est important », déclaration de M. Emmanuel Macron, président de la République, le 16 mars 2020, en ligne : www.vie-publique.fr/

Certains, sans doute, pouvaient y trouver leur compte. Ils s'adonnaient à la lecture ou à l'écriture, tissaient de nouveaux liens par écrans interposés, découvraient de nouveaux domaines d'activité, exposaient leurs « créations » sur le modèle d'une « fête de la musique » en vidéo. L'humour salutaire était lui aussi présent et partagé sur les réseaux sociaux... Ces activités ne permettaient pas forcément d'oublier la peur et le désœuvrement mais chacun pouvait s'y consacrer librement avec parfois un petit air de vacances forcées dans un temps hors du commun.

Par-delà ces aspects individuels, ce retour sur soi et ces activités en vase clos témoignaient d'un certain état des croyances et des mœurs. Ils exprimaient de façon condensée des rapports à la vie individuelle et collective qui coexistent au sein des démocraties modernes.

La religion confinée et humanitaire[1]

La majorité des citoyens ne s'étaient pas d'emblée tournés vers les religions pour se repentir ou remettre leur sort entre les mains de Dieu. Les

---

discours/273933-emmanuel-macron-16-mars-2020-coronavirus-confinement-municipales

1. Cf. Alain BESANÇON, « Au milieu du vide métaphysique prospère une vague religiosité humanitaire », *Figarovox*, 23 mars 2018.

progrès de la médecine, de la connaissance scientifique et de la technique étaient considérés massivement comme les seuls à même de vaincre à terme la pandémie.

Des fondamentalistes divers et des sectes[1], considéraient la pandémie comme un châtiment divin, l'annonce de la fin des temps ou encore un dessein satanique. Mais ces interprétations, bien que présentes sur les réseaux sociaux, demeuraient marginales. L'idée d'une punition due à nos fautes non plus envers Dieu mais envers la Nature, avait peut-être plus d'écho.

Les religions entendaient cependant répondre à leur façon à ce « sens de l'essentiel » quelque peu énigmatique. Pour l'archevêque catholique de Paris, le confinement pouvait être le « moment de ne pas seulement penser à soi mais aux autres », de « réhabiliter la fraternité humaine, de relire sa vie, de réfléchir au sens de son existence, de se ressaisir »[2]. Pour le président des évêques de France,

1. Des prédicateurs salafistes développaient l'idée de punition divine. Cf. Bernard ROUGIER, « Les islamistes ont leur interprétation propre de la crise sanitaire », *Le Figaro*, 26 avril 2020. Les témoins de Jéhovah affirmaient que Jésus avait prévu l'épidémie et que nous vivions la « fin des derniers jours », des évangélistes assuraient que le Covid-19 était un « plan satanique » pour « détruire le monde »... Cf. Étienne JACOB, « Apocalypse, punition divine : quand le coronavirus crédite les prophéties fondamentalistes et sectaires », *Le Figaro*, 27 mars 2020.

2. Mgr Michel AUPETIT, archevêque de Paris, « Coronavirus : les prières de l'archevêque de Paris, ancien médecin, pour les soignants et les malades », *Le Parisien*, 24 mars 2020.

l'épidémie était un « signal parmi d'autres que nous devons, personnellement et collectivement, changer de mode de vie, sortir de la frénésie de l'activité et des loisirs, prendre le temps de revenir en nous-mêmes et vers les autres pour servir et nous laisser aider[1] ». Le sens de l'essentiel était certes tourné vers Dieu, mais le message relançait des idées bien connues : « Depuis longtemps, nous savons que nous devons changer de mode de production et de consommation. La contrainte écologique nous y oblige. L'épidémie est un avertissement de plus[2]. »

Pendant cette période critique, les religions chrétienne, juive et musulmane s'inscrivaient dans une optique où le spirituel se mêlait étroitement à l'humanitaire. Elles entendaient apporter le « secours spirituel » aux mourants et aux familles endeuillées, appelaient les fidèles à prier et à aider les personnes isolées, les pauvres et les plus démunis. Mais leurs moyens d'agir étaient réduits.

En fait, les religions se retrouvaient placées dans une situation difficile d'un double point de vue : elles ne pouvaient célébrer leur culte de façon collective, alors que, dans ce moment incertain de l'histoire, leurs fidèles auraient pu y trouver

1. Mgr Éric de MOULINS-BEAUFORT, « L'épidémie est un signal », *Le Figaro Magazine*, 10 avril 2020.
2. *Ibid.*

un réconfort ; leur présence auprès des malades et des mourants était rendue difficile ou impossible dans les hôpitaux et les Ehpad qui avaient fermé leurs portes aux familles et aux aumôniers. Il en allait de même pour les prisons.

Cette conjoncture était favorable à une affirmation et à un repli communautaire. La religion pouvait être considérée comme un refuge et un entre-soi dans lequel on « se tient chaud ». Ces conceptions ne dataient pas du confinement mais étaient d'autant plus réactivées qu'elles ne trouvaient plus leurs formes habituelles d'expression.

Les célébrations avaient désormais lieu à huis clos, mais les fidèles pouvaient y participer par l'intermédiaire des émissions religieuses audiovisuelles du service public ou des médias confessionnels qui connaissaient des records d'audience[1]. Il en allait de même sur Internet avec les prêches, les prières et les célébrations. L'Église catholique avait mis en ligne une « chapelle virtuelle » permettant à « tous les internautes, croyants ou non, d'allumer une bougie en signe d'espérance et de solidarité, de partager un message, de déposer une prière ou des intentions de prières qui seront

1. Le dimanche 15 mars, plus d'un million de catholiques ont suivi la messe sur France 2 ; le dimanche 22 mars, ils étaient 1,7 million de téléspectateurs. Cf. Anne-Laure FILHOL, « Record d'audience pour la messe télévisée du "Jour du Seigneur" », *La Vie*, 24 mars 2020.

portées pendant les messes des jours suivants »[1]. Et, là aussi, des « numéros verts » de lignes téléphoniques pour écouter les malades, leur famille et toute personne demandant une aide spirituelle avaient été rapidement mis en place. Aux soins physiques et psychologiques, s'ajoutait un « soutien spirituel » que les religions entendaient apporter à leurs fidèles et plus largement[2].

Certains catholiques faisaient valoir l'utilité de la religion pour faire pression pour la réouverture des lieux de culte : « Les religions ont une fonction de pacification des relations sociales. [...] Il faut éviter qu'en touchant à la liberté de religion, le pouvoir n'augmente le ressentiment et les frustrations. Comme le disait Benjamin Franklin, “si les hommes sont si mauvais avec le secours de la religion, que seraient-ils sans elle”[3] ? »

Les religions pouvaient se révéler socialement utiles, tout particulièrement en période de

1. La mise en place de cette chapelle virtuelle faisait suite à l'appel de l'Église de France invitant tous les chrétiens à déposer des bougies à leurs fenêtres le mercredi 25 mars, jour de l'Annonciation, *ibid.*

2. Pour une vision détaillée de l'attitude des cultes pendant le confinement, voir la note de l'Office parlementaire d'évaluation des choix scientifiques et technologiques, « Les cultes religieux face à l'épidémie de Covid-19 en France », en ligne : www.senat.fr/fileadmin/Fichiers/Images/opecst/quatre_pages/OPECST_2020_0028_note_cultes_covid19.pdf

3. Guillaume DRAGO et Yves de VRIES, « La célébration des cultes suspendue jusqu'à la mi-juin ? Ce serait inadmissible ! », *Le Figaro*, 23 avril 2020.

pandémie et de confinement. Elles ont pu ainsi apparaître comme l'une des composantes de la mobilisation et de l'aide apportée dans le domaine moral et spirituel, sans pour autant accroître significativement leur audience au sein de la société. Comme l'a relevé Pierre Manent, l'absence du motif « se rendre dans un lieu de culte » parmi ceux autorisant les sorties du domicile était révélatrice de l'effacement de la religion, alors que n'étaient pas oubliés les besoins des animaux de compagnie[1].

Spiritualités vagues pour esthètes confinés

Pour d'autres, le confinement pouvait amener un « retour sur soi spirituellement fécond » sans pour autant faire référence à Dieu. Pour retrouver le « sens de l'essentiel », les religions instituées n'étaient pas les seules à offrir des réponses. Le « retour sur soi » passait par des réflexions esthétiques et métaphysiques avec ou sans transcendance selon les cas.

Un philosophe, sinologue et helléniste, décelait dans la crise que nous traversions des possibles que l'on ne soupçonnait pas forcément. La crise,

1. Pierre MANENT, « Il y a longtemps que nous sommes sortis à bas bruit du régime démocratique et libéral », *Le Figaro*, 24 avril 2020.

écrivait-il, était l'occasion d'un retrait permettant de découvrir la « vraie vie » qui « n'est pas une vie idéale ou une autre vie, mais la vie qui résiste à cette vie perdue, fait front contre cette résignation, et cet enlisement, cette aliénation et cette réification de la vie menaçant la vie, à l'insu même de la vie[1] ».

« Réapprendre la valeur des choses », des objets familiers que nous côtoyons dans notre logis sans y prêter trop d'attention, telles étaient, pour un académicien, les voies d'une sagesse possible en période de confinement[2]. Dans ce cadre, la pensée chinoise et les grands mystiques qui savaient s'émerveiller de la beauté du monde et des choses du quotidien avaient du bon : « Il y a la vie qui est là, miraculeusement là, à recevoir comme un don inouï. Chacun dans sa chambre, à sa manière unique, doit se tenir prêt à accueillir le rayon de vie qui se donne là, comme un ange annonciateur, comme un hôte d'honneur[3]. » « Le mot confinement, écrivait-il encore, contient l'adverbe finement. Le confinement pourrait donc signifier "être ensemble finement". »

Pour certains adultes, inspirés par l'écologie, le confinement pouvait revivifier « la biophilie

1. François JULLIEN, « La pandémie peut nous permettre d'accéder à la vraie vie », *Le Monde*, 16 avril 2020.

2. François CHENG, « Face au confinement, nos objets familiers peuvent être un soutien et un réconfort », *Le Figaro*, 28 avril 2020.

3. *Ibid.*

réprimée du post-enfant[1] ». Une « révolution intérieure », une « *tabula rasa* introspective » était possible, pouvant déboucher à terme sur une « société authentique » de type écologique, faite de « sensibilité aux animaux, aux pierres, aux végétaux »[2].

D'autres encore appelaient à « accueillir toutes ces compétences, ces désirs, que la crise à révélés, en soi et chez les autres », soulignaient les vertus de la « tolérance » et de la « patience » avec référence – neurosciences obligent –, au fonctionnement du cerveau (côté gauche ou côté droit ?) et à celui des souris en situation[3].

Il paraissait ainsi possible de s'élever à de hautes considérations transformant une situation difficile en occasion de retrouver un « sens de l'essentiel » quelque peu vaporeux. Si cultivées et subtiles que soient ces considérations, elles ne sortaient pas d'un cercle intellectuel et journalistique limité qui semblait oublier les réalités empiriques plus terre à terre. Demeurer philosophe, sage et vertueux se révèlait difficile quand on vit quotidiennement à plusieurs dans un logement exigu, avec ou sans animaux domestiques et

1. Nicolas SANTOLARIA, « Le déconfinement ? Non merci ! », journal d'un parent confiné, semaine VI, *Le Monde*, 26 avril 2020.

2. *Ibid.*

3. Aurore AIMELET, « Tolérance, patience... Ces qualités découvertes grâce au confinement », *Le Figaro chez vous*, 8 mars 2020.

plantes d'appartement, mais avec des enfants ou des adolescents turbulents.

Les « bénéfices du vide » ici et maintenant

Conseillés par des thérapeutes et de plus en plus pratiqués en France et en Europe, la méditation et le yoga apparaissaient comme particulièrement appropriés à la situation[1], tout au moins pour les catégories moyennes et supérieures vivant dans un milieu urbain[2]. Ils avaient, sans nul doute, des effets bienfaisants contre le stress et l'anxiété. Qui plus est, ils renforçaient le système immunitaire, ce qui, en période de pandémie, pouvait être bénéfique.

L'invitation à « explorer son espace intérieur » avait un sens particulier. Il ne s'agissait pas de revisiter et redécouvrir tous les recoins de son appartement, comme le chantait avec humour un groupe

1. Dans son allocution télévisée, le 5 avril 2020, la reine d'Angleterre, Élisabeth II, faisait allusion à la méditation en même temps qu'à la prière : « Un grand nombre de personnes, quelle que soit leur confession, se rendent compte qu'il y a là une occasion de ralentir, de réfléchir, dans la prière ou la méditation. »

2. « Le yoga et la méditation sont majoritairement pratiquées par des femmes avec une surreprésentation des catégories sociales moyennes et supérieures et une moyenne d'âge autour de 40 ans », Caroline NIZARD, « If you can't go outside, go inside », 15 juin 2020, en ligne : covies20.com/2020/06/15/if-you-cant-go-outside-go-inside/

vocal sur l'air de « T'as voulu voir Vesoul »[1]. Mais la méditation permettait d'« entrer en contact avec son intériorité, avec une attention neutre et vide de toute considération[2] ».

Pour les pratiquants, la méditation permettait de « canaliser ses émotions », de se débarrasser des pensées parasites et négatives, de « chasser ses angoisses, de balayer ses préoccupations, faire le vide, se sentir apaisé[3] ». Dans le temps suspendu du confinement où l'avenir était des plus incertains, « évacuer ses pensées négatives en se concentrant uniquement sur l'instant présent, sans réfléchir à l'avenir[4] » pouvait avoir de l'écho.

Les méthodes proposées dans les médias et les réseaux sociaux étaient diverses – la méditation dite « de la pleine conscience » (*mindfulness*) étant la plus prisée –, mais toutes visaient, selon la formule consacrée, à « renouer avec l'instant présent ». Vidé de ses aspects négatifs (qui ne manquaient pas dans la période), l'instant présent pouvait être ressenti comme un moment apaisant

1. Le groupe vocal « Les Goguettes », qui détourne des chansons françaises, a connu un grand succès sur YouTube pendant le confinement avec sa chanson : « T'as voulu voir le salon », détournement de la chanson « Vesoul » de Jacques Brel.

2. Alyette DEBRAY-MAUDUY, « Méditer la bonne idée pour canaliser ses émotions », *Le Figaro chez vous*, 16 avril 2020.

3. *Ibid.*

4. *Ibid.*

hors du tragique de l'histoire et du temps. Ce ressenti procurait, disait-on, une « paix intérieure » bienvenue en cette période de « guerre » contre le virus et de saturation médiatique. Une journaliste spécialiste de la question parlait à ce propos de « douche cérébrale » permettant de « faire une pause au cerveau pour qu'il expérimente, de temps à autre, l'ici et maintenant »[1]. Plusieurs « douches cérébrales » étaient sans doute nécessaires pour effacer le stress et les contraintes du confinement. De nombreuses applications existaient sur Internet et les réseaux sociaux ; les séances par écrans interposés avaient lieu à heure fixe, participant des nouveaux « rituels » quotidiens.

Le yoga connaissait, lui aussi, un succès grandissant[2]. Il permettait également d'apaiser les crispations et les tensions, d'être à l'« écoute du corps, des sensations, des émotions de son vécu interne », les exercices respiratoires permettant

1. Aurore Aimelet, « Après l'épreuve du confinement, comment profiter au mieux de l'instant présent ? », *Le Figaro*, 3 juin 2020.

2. À la date du 12 septembre 2018, Google recensait environ 23 600 000 vidéos mettant en scène une pratique où un professeur explique une posture ou donne un cours ; le 20 mars 2020, on pouvait en trouver 36 800 000 et 27 000 associant yoga et confinement ; le 12 mai 2020, environ 39 700 000 et 190 700 dédiées à la pratique du yoga. Chiffres non exhaustifs et qui ne recensent pas les cours privés diffusés directement par abonnement. Cf. Caroline Nizard, « If you can't go outside, go inside », *loc. cit.*

plus particulièrement de « travailler l'aspect émotionnel »[1].

Le souffle étant « au cœur des pratiques du bien-être », il convenait quand même de faire attention. Diffusés sous forme de *live*, certains exercices n'avaient rien de rassurant. Inspirée du « pranayama indien, du reiki et de la méditation zen, un mélange de technique de respiration qui nous vient du *breathwork* et qui cartonne à New York comme à Los Angeles[2] », l'« hyperventilation ventrale » devait être pratiquée avec prudence. Mieux valait organiser quelques séances en visioconférence avec un sophrologue pour « trouver la respiration qui nous fait du bien »[3].

À vrai dire, chacun pouvait en prendre et en laisser, l'important était que chacun se sentît mieux « dans sa tête et dans son corps » pour pouvoir supporter l'épreuve de la pandémie et du confinement.

Désordres amoureux confinés

Ce « retour sur soi » pouvait également concerner les préoccupations amoureuses et sexuelles

1. Pauline Castellani, « La gymnastique faciale antirides et antistress d'hier et d'aujourd'hui », *Le Figaro chez vous*, 15 avril 2020.
2. Jeanne Dréan, « En quête d'un second souffle », *L'Express*, 7 mai 2020.
3. *Ibid.*

d'une partie de la population qui se trouvait démunie. Pour les célibataires endurcis, le confinement pouvait être l'occasion de « faire l'expérience de la plénitude dans la solitude », en se libérant de l'« injonction d'être en couple »[1]. Ceux qui restaient soumis à cette injonction étaient préoccupés par des questions existentielles d'un genre particulier : « Comment exprimer sa personnalité pour séduire tout en restant soi-même[2] ? », « Comment draguer[3] ? », « Comment séduire à l'heure de la distanciation[4] ? »...

Avec ses multiples sites et « applis de rencontre », ses propositions de « *chat* en ligne », le *dating* connaissait depuis des années un franc succès. Il ne se confondait pas entièrement avec ce que l'on nomme vulgairement un « plan cul » (un ou plusieurs plans à la fois ?), mais il pouvait déboucher sur une relation amoureuse, voire une amitié nouée à l'occasion. Avec la pandémie, qu'allait devenir le *dating* et ses propositions de rencontres *in vivo* ?

1. Madeleine METEYER, « Confinement : ces célibataires enfin libérés de l'injonction d'être en couple », *Le Figaro*, 5 mai 2020.

2. Alex CORMONT, « Love Coach, auteur et conférencier dans les domaines de la séduction, de la vie de couple et de la reconquête », « Dating : traduction, définition et comment fonctionne une "date" ! », en ligne.

3. Sébastien JULIAN, « La drague au temps de la distanciation », *L'Express*, 30 avril 2020.

4. Céline PELTIER, « La séduction à l'heure de la distanciation », *Le Monde*, 23 avril 2020.

Le marché de la rencontre et de la séduction s'adaptait au confinement en offrant de nouveaux « outils » qui pouvaient, selon le langage sentimentalo-technicien, « ouvrir à de nouvelles pratiques en enrichissant les profils ou en apportant une mise en scène de la rencontre[1] ». Pour pallier l'absence de contact physique, les clients pouvaient « explorer les nouveaux horizons numériques[2] » grâce à des applications et prendre le premier rendez-vous en vidéo afin de s'assurer que l'interlocuteur était bien à son goût.

À vrai dire, il paraissait toujours difficile de « prendre en main son avenir sentimental » et de « trouver la bonne personne ». Une psychanalyste le constatait à sa façon : « La dimension virtuelle combinée à l'attente a tellement nourri de fantasmes, que beaucoup de couples risquent de déchanter. Comme disait Lacan : "Lorsque la réalité rencontre le fantasme, les deux en prennent un coup"[3]. » Dans ce domaine, l'épreuve du réel est parfois bon enfant : « Il avait dix kilos et cinq ans de plus que sur la photo, témoignait une célibataire, mais on partage plein de choses[4]. »

1. Responsable d'une plateforme de rencontres citée par Sébastien Julian, « La drague au temps de la distanciation », art. cité.

2. Céline Peltier, « La séduction à l'heure de la distanciation », art. cité.

3. Sylvie Duchamp, citée par Cécile Peltier, « La séduction à l'heure de la distanciation », *ibid.*

4. Une utilisatrice citée par Cécile Peltier, *ibid.*

« Partager plein de choses », n'est-ce pas après tout ce qu'il y a de plus important ?...

Le confinement était également difficile à supporter pour « ceux qui s'aiment en cachette », autrement dit ceux qui pratiquent ce que l'on appelait autrefois l'adultère. Le journal *Le Monde* appelait à témoigner : « Malgré la distanciation sociale, vous avez vécu une histoire d'amour, confinée ou restée à l'état de fantasme. Racontez-la-nous à cette adresse[1]... » Certains avaient prévu de se revoir et se sont trouvés fort dépourvus quand ils ont été séparés par le confinement. D'autres étaient soumis à un nouveau défi : « Cultiver le désir malgré la promiscuité[2] ». Les « gestes barrières » entraînaient une certaine angoisse : « Devons-nous nous embrasser, avons-nous le droit de nous toucher ? », telle était la question[3].

De nombreuses réponses ont été fournies aux amoureux confinés. Des journalistes-conseils en sexualité entendaient ainsi les aider pour à la fois trouver la bonne distance et pour se rapprocher. Dans cette perspective, les conseils de rangement,

1. « Amours confinés », *Le Monde*, 18 avril 2020.

2. Maïa MAZAURETTE, « Confinés en couple : cultiver le désir malgré la promiscuité », *Le Monde*, 12 avril 2020.

3. Cité par Éric COLLIER, « S'aimer comme on se confine : "Je voudrais reprendre une vie où je ne serais plus dans l'ombre », *Le Monde*, 18 avril 2020

de plats cuisinés et d'« apéros virtuels », en guise de « nouveaux rituels », allaient de pair avec la « planification des moments de séduction », la masturbation à deux ou en solitaire qui permet une « petite escapade et un temps pour soi »[1].

Depuis des années, un vocabulaire gestionnaire et technicien s'appliquait aussi à la sphère privée, familiale et intime. Il entendait fournir les clés de la séduction, des désirs et des fantasmes, en faisant en sorte que chacun des « partenaires » y mette du sien, grâce à un certain nombre d'outils bien choisis.

Une « civilisation des loisirs » en miniature ?

D'autres conseils proposaient plus simplement de faire du sport pour « rester tonique » et « garder le moral ». La « respiration lente, venant du ventre », le « *cardio-training* », le « *stretching* » et autres exercices proposés par des « *coachs* », permettaient de libérer les tensions, de « gérer son stress » et de « *booster* son mental »[2]. La pratique du vélo d'appartement et autres « *home-trainers* »

1. Maïa MAZAURETTE, « Confinés en couple : cultiver le désir malgré la promiscuité », art. cité.
2. Alyette DEBRAY-MAUDUY, « 4 exercices pour rester tonique », *Le Figaro*, 9 avril 2020.

permettait pareillement de se maintenir en forme et de « se vider la tête ».

Les activités pour passer le temps ne se limitaient pas à la gymnastique et au sport en chambre. Elles formaient une gamme étendue de pratiques dans tous les domaines : bricolage, jardinage, recettes de cuisine, tricot, couture, grand ménage de printemps, réparation des objets cassés ou en panne, astiquage du plancher et des meubles, musique et chansons, conférences en vidéo et apprentissages variés... Libre à chacun de faire ce qui lui convenait le mieux, de découvrir et de s'adonner à de nouvelles pratiques. Les conseils et les injonctions des médias et des réseaux sociaux allaient tous dans le même sens : « Profitez-en pour faire tout ce que vous n'avez pas eu le temps de faire auparavant ! »

Le confinement a pu ainsi apparaître comme une « civilisation des loisirs » et du « temps libre » en miniature et en vase clos. Celle-ci est née du temps des Trente Glorieuses[1], mais elle retrouvait paradoxalement une actualité dans cette période critique.

Le « temps pour soi » était en fait rempli de multiples occupations pour éviter le désœuvrement et la dépression, sans résultat garanti.

1. Cf. « Le loisir », *Esprit*, juin 1959 ; Joffre DUMAZEDIER, *Vers la civilisation des loisirs*, Seuil, 1962.

Ces occupations jouaient le rôle de thérapie de décompression et d'évasion, en même temps qu'elles témoignaient d'un éthos de la société où le souci de soi et les loisirs occupent une place importante dans les démocraties modernes.

Durant cette période, s'est exprimé un nouvel attachement au « petit bonheur » du privé. Pour reprendre les formulations de Hannah Arendt, les Français ne sont pas seulement « passés maîtres dans l'art d'être heureux au milieu des "petites choses", entre leurs quatre murs, entre le lit et l'armoire, le fauteuil et la table, le chien, le chat et le pot de fleurs[1] », mais aussi dans l'expression d'un bien-être et d'un épanouissement individuel de type nouveau qui passent par des activités où s'entremêlent vie privée et vie publique.

Pour le « peuple adolescent », le confinement apparaissait d'autant plus insupportable qu'il rendait impossibles les festivals de musique et autres « événements » de type fusionnel rassemblant des milliers de personnes. Le « festif », qui, dans la vie sociale ordinaire, joue un rôle de décompression[2] avec quelques transgressions, n'avait pas la

1. Hannah Arendt, *Condition de l'homme moderne*, Calmann-Lévy, 1961 et 1983, p. 62-63.

2. Comme le chante Kendji Girac : « On ira faire la fête / On ira faire les rois / Pour se vider la tête / Pour oublier, pour oublier, pour oublier », chanson « Pour oublier », *Amigo*, 2018.

même intensité en appartement. Dans ce moment où les repères habituels de la vie sociale étaient chamboulés, où le présent et l'avenir paraissaient catastrophiques, tout pouvait être bon à prendre pour se « faire plaisir » plus ou moins discrètement. Face à l'épreuve du confinement, des sites pornographiques offraient même un accès gratuit à leur contenu.

Pour le secteur audiovisuel, l'essentiel était avant tout d'« éviter l'"écran noir" ». Comme le déclarait un porte-parole d'une chaîne de télévision : « Nous avons suffisamment de programmes en stock, y compris des inédits, pour éviter la rupture d'approvisionnement[1]. » Les comédies du « bon vieux temps » des Trente Glorieuses avec leurs vedettes populaires procuraient des divertissements salutaires. Beaucoup d'émissions enregistrées auparavant avec un public nombreux pouvaient faire croire un moment que le monde continuait de fonctionner comme avant[2]. Les spectacles de comiques plus ou moins talentueux, les émissions de jeu, de musique et de variétés avec leur public sans « distanciation sociale »

1. Groupe M6, cité par Caroline SALLÉ, « Les émissions de télévision face au casse-tête du coronavirus », *Le Figaro*, 5 mars 2020.

2. Dans certaines émissions, le public était remplacé par des salariés du groupe sur la base du volontariat, comme ce fut le cas pour l'émission « Téléfoot » et « C. Canteloup » sur TF1, cf. Caroline SALLÉ, « Les émissions de télévision face au casse-tête du coronavirus », art. cité.

permettaient d'oublier les rues désertes des villes, les drames qui se déroulaient dans les hôpitaux et les Ehpad.

En applaudissant chaque jour à 20 heures et en se manifestant de manière musicale et bruyante, les Français reclus témoignaient de leur soutien au personnel soignant, en même temps qu'ils se libéraient des tensions accumulées de plus en plus insupportables. Malgré les apparences, la « bulle du confinement » ne ressemblait pas à des vacances et ne pouvait durer éternellement.

Chapitre 7

Restrictions des libertés

Réalités et délires d'interprétation

Le confinement constituait une « situation profondément atypique dans l'histoire des démocraties libérales[1] ». Le projet de loi instituant l'« état d'urgence sanitaire » pour faire face à l'épidémie de Covid-19 avait été examiné et voté dans l'urgence, en cinq jours, par l'Assemblée et le Sénat dans une France déjà confinée[2]. Adoptée le 23 mars 2020, la loi instaurait une nouvelle forme d'exception dans l'histoire de notre pays. Elle permettait au Premier ministre, par simple décret, de restreindre ou de supprimer des

1. Maxime TANDONNET, « Le confinement est-il vraiment légitime ? Voilà qui n'a rien d'évident », *Le Figaro*, 22 avril 2020.

2. La notion de « menace sanitaire grave » était déjà présente dans la loi du 5 mars 2007 à la suite de l'épidémie de Sras (syndrome respiratoire aigu sévère) qui avait montré que la France ne disposait pas du cadre juridique suffisant pour prendre des mesures adaptées à une pandémie.

libertés fondamentales comme circuler librement, se réunir, manifester, entreprendre, pratiquer un culte… Même si « face à l'urgence la nécessité fait loi[1] », l'« état d'urgence sanitaire » avait de quoi inquiéter les défenseurs des libertés.

Un nouveau régime d'exception

L'« état d'urgence » évoquait des situations de guerre ou de graves troubles à la sécurité et à l'ordre public. Il figurait dans la loi du 3 avril 1955 promulguée pendant les événements de la guerre d'Algérie qui permettait au gouvernement de prendre des mesures exceptionnelles[2]. Plus récemment, l'état d'urgence avait été décrété en Nouvelle-Calédonie en 1985 en réponse à des affrontements sur ce territoire, lors des émeutes de banlieues en 2005 et à la suite des attentats islamistes de novembre 2015. Malgré l'analogie guerrière du président de la République, la lutte contre la pandémie ne ressortissait pas de ce registre.

1. Anne-Marie LE POURHIET, « Nécessité fait loi. Face à l'urgence », *Causeur*, 7 avril 2020.

2. Interdiction de circulation, de séjour et assignation à résidence pour « toute personne à l'égard de laquelle il existe des raisons sérieuses de penser que son comportement constitue une menace pour la sécurité et l'ordre publics »… Loi n° 55-385 du 3 avril 1955 relative à l'état d'urgence. Cf. www.legifrance.gouv.fr/loda/id/JORFTEXT000000695350/2020-10-09/

La ministre de la Justice déclarait que la restriction provisoire des libertés était « le prix à payer pour protéger la santé de tous, et d'abord celle des plus faibles » et qu'il s'agissait de « préserver le droit à la santé dans notre démocratie ». Les libertés, poursuivait-elle, pouvaient être limitées quand c'était à la fois « rationnellement nécessaire et proportionné à la gravité d'une menace »[1]. Mais qui allait déterminer les critères de la rationalité et évaluer la gravité de la menace ?

Force était de constater qu'il n'y avait pas eu de débat parlementaire sur l'arbitrage entre le volet sanitaire et les effets socio-économiques du confinement. Fallait-il maltraiter l'économie à ce point, au risque de développer le chômage et le malheur social[2] ? La réponse à cette question n'avait rien d'évident, mais la vie et la santé de la population primaient sur l'économie en parant au plus pressé, sans prendre en considération les élus des collectivités territoriales placés devant le fait accompli.

Restait l'argument central de la limite temporelle des dispositions prises : « Les mesures dérogatoires issues de ces ordonnances cesseront à la fin de l'épidémie de Covid-19, écrivait la ministre

1. Nicole BELLOUBET, « L'État de droit n'est pas mis en quarantaine », *Le Monde*, 1er avril 2020.

2. François SUREAU, in « Alain Finkielkraut vs François Sureau. Qui menace nos libertés ? », *Causeur*, septembre 2020.

de la Justice, et ne sauraient être réactivées lors de la survenance d'une nouvelle épidémie[1]. » La ministre parlait à ce propos d'« exigence juridique absolue ». Il existait pourtant un précédent où des mesures d'exception pouvaient perdurer : la loi sur la sécurité intérieure du 30 octobre 2017 intégrait dans le droit commun des mesures liées à l'état d'urgence décrété en 2015 pour lutter contre le terrorisme. Cette situation était bien différente de la crise sanitaire. Mais le caractère temporaire des restrictions des libertés concernait une pandémie que personne alors ne maîtrisait et qui pouvait durer longtemps. L'objectif légitime de sauver des vies écrasait tous les autres arguments. En fin de compte, la fragilité de la santé humaine ne pouvait-elle pas fournir une justification permanente pour un état d'exception[2] ?

Un confinement sous contrôle policier

Certaines pratiques répercutées par les médias et les réseaux sociaux avaient aussitôt attiré l'attention : policiers surveillant les plages désertes à la recherche du moindre promeneur, hélicoptères

1. Nicole BELLOUBET, « L'État de droit n'est pas mis en quarantaine », art. cité.
2. Pierre MANENT, « Il y a longtemps que nous sommes sortis à bas bruit du régime démocratique et libéral », art. cité.

et drones utilisés pour contrôler les bords de Seine, les plages, les sentiers forestiers... Au début du confinement, des amendes furent délivrées à des cyclistes, le ministre de l'Intérieur et ses services ayant estimé que la pratique du vélo ne correspondait pas à une activité sportive ; en région parisienne, des policiers contrôlaient les courses de particuliers, jugeant ou non s'il s'agissait d'achats indispensables[1]...

L'interprétation du délit de violation de confinement par les forces de l'ordre donna lieu à des appréciations diverses et contradictoires. Un habitant du Loir-et-Cher, qui avait pris la route pour se rendre à l'île de Ré au chevet de son père en phase terminale d'un cancer, en fit l'expérience de façon dramatique. Il s'agissait d'un cas de « motif familial impérieux » justifiant le déplacement mais les gendarmes n'avaient manifestement pas la même appréciation du motif en question. Contrôlé une première fois à l'entrée du pont par un gendarme qui le laissa passer, un autre gendarme à l'entrée de l'île lui en interdit l'accès. Il le verbalisa et le contraignit à faire demi-tour. Son père mourut sans qu'il eût pu le voir[2].

1. Marc LEPLONGEON et Aziz ZEMOURI, « Notre vie en liberté contrôlée », *Le Point*, 14 mai 2020.

2. Valentine ARAMA, « Déplacements limités à 100 km : "Le motif familial impérieux est subjectif" », *Le Point*, 29 avril 2020.

Ces pratiques répressives furent pour la plupart désavouées par les responsables et les institutions. Le préfet de police de Paris s'empressa de déclarer que les policiers n'avaient pas à porter de jugement sur les biens achetés par les Franciliens lors de leurs courses alimentaires. Fin avril, le Conseil d'État estima que l'usage du vélo durant l'état d'urgence sanitaire était autorisé à titre d'activité physique individuelle[1]. La gendarmerie présenta ses excuses concernant le cas de l'île de Ré et parla d'une verbalisation « non appropriée », le gendarme n'ayant pas perçu le « degré d'urgence » du déplacement[2]...

Au total, pendant la durée du confinement, les forces de l'ordre n'eurent pas moins effectué 21 millions de contrôles et dressé 1,1 million de procès-verbaux pour violation de confinement[3]. Quelques milliers d'amendes firent l'objet de contestation.

---

1. Conseil d'État, « Usage du vélo durant l'état d'urgence sanitaire », ordonnance du 30 avril 2020.

2. Valentine ARAMA, « Déplacements limités à 100 km : "Le motif familial impérieux est subjectif" », art. cité.

3. Marc LEPLONGEON et Aziz ZEMOURI, « Notre vie en liberté contrôlée », art. cité. Le délit de violation du confinement était sanctionné par une amende de 135 euros (majorée à 375 euros en cas de non-paiement) ; toute personne ayant été verbalisée à trois reprises dans un délai de trente jours pour violation du confinement était passible de 3 750 euros d'amende et d'une peine de six mois d'emprisonnement. Délit créé par l'article L. 3136-1 du Code de la santé publique.

Surenchères ubuesques

Dans les départements où le virus était quasiment absent, les habitants devaient rester cloîtrés dans leurs habitations. Cette égalité de traitement paraissait injuste à nombre d'entre eux, d'autant plus quand les autorités se permettaient d'étendre les restrictions des libertés bien au-delà des nécessités contraignantes pour empêcher la contagion.

Dans la liste des interdictions, certains préfets n'hésitaient pas à en rajouter : arrêté interdisant la vente d'alcool dans le département de l'Aisne (supposé éviter les troubles et les violences, notamment intrafamiliales), interdiction de la pêche de loisir dans le Vaucluse, cette dernière ne pouvant être assimilée à une activité sportive individuelle (encore fallait-il habiter à moins d'un kilomètre d'une rivière !). Le préfet de Seine-et-Marne entendait quant à lui réquisitionner des garde-chasses et des chasseurs pour aider les forces de l'ordre à faire respecter le confinement dans les forêts du département. Celui du Jura interdisait « l'accès aux sentiers pédestres, chemins de randonnée, pistes cyclables, forêts et parcs sur l'ensemble du département », oubliant que ces sentiers et chemins pédestres étaient empruntés par certains habitants pour accéder à leur domicile[1]... Face aux désaveux et aux remontrances institutionnelles, ces préfets revenaient sur leurs arrêtés sans tarder.

Dans cette sorte de concours à qui en fera le plus, certains maires n'étaient pas en reste : note placardée dans les immeubles de plusieurs quartiers appelant les habitants à signaler ceux qui ne respectaient pas le confinement (Montgeron, dans l'Essonne), contrôle systématique des véhicules et interdiction de l'accès à la ville de Sète pendant le week-end pascal pour les non-résidents... La pratique sportive était interdite à Paris entre 10 heures et 19 heures (interdiction décrétée par le maire et le préfet de police).

D'autres arrêtés avaient des aspects encore plus ubuesques : interdiction de la « station assise d'une durée de plus de deux minutes sur un banc ou sur un espace assimilable » (Biarritz), prohibition de l'achat de baguettes de pain et de journaux à l'unité, interdiction de se promener à plus de 10 mètres de chez soi (Sanary-sur-Mer), ou encore interdiction de cultiver son lopin de terre dans les jardins familiaux (Avrillé, près d'Angers)[2]...

Ces maires qui ont pu faire parler d'eux à cette occasion en se voulant les fermes défenseurs de la santé publique ont suscité un tollé

---

1. Nicolas BASTUCK et Michel REVOL, « Covid-19 : La France, ce pays où l'on aime interdire », *Le Point*, 24 avril 2020.

2. *Ibid.*

dans les populations concernées. Désavoués par les préfets, ils ont dû, eux aussi, revenir sur leurs arrêtés.

Contre-pouvoirs et difficile équilibre

Depuis le début de la pandémie et du confinement, les appels à la vigilance et les recours contre les restrictions des libertés n'avaient jamais cessé.

Le barreau de Paris dénonçait les modalités de renvoi des audiences, les atteintes aux droits fondamentaux dans plusieurs domaines[1]. Il déposait un recours auprès du Conseil d'État et lançait début mai une opération « Sentinelle des libertés ». La Ligue des droits de l'homme contestait en justice et jusqu'au Conseil d'État plusieurs dispositions de l'état d'urgence sanitaire et tout particulièrement l'interdiction de manifester.

La Commission nationale consultative des droits de l'homme (CNCDH) mettait en place un Observatoire de l'état d'urgence sanitaire pour recenser les atteintes aux droits et libertés

1. Plus précisément dans trois domaines : la procédure de verbalisation des contraventions et des délits ; la procédure d'isolement et de quarantaine forcés avec privation de liberté ; la procédure de recueil, de partage et de traitement en masse des données nominatives de santé, qui porte atteinte au secret médical et au respect de la vie privée. Cf. www.lemondedudroit.fr/institutions/69865-face-prolongement-etat-urgence-sanitaire-barreau-paris-lance-mission-sentinelle-libertes.html

et émettait des recommandations aux pouvoirs publics. Le défenseur des droits allait dans le même sens en s'inquiétant de l'égalité de l'accès aux droits et aux services publics pour les personnes dépendantes, précaires ou fragiles[1].

De son côté, la commission du Sénat constituait en son sein une mission de suivi pluraliste pour contrôler l'application de la loi et l'action du gouvernement pendant la crise sanitaire. Dans ses premiers avis, elle entendait développer sa vigilance sur les contrôles effectués par les forces de l'ordre et l'application des sanctions prévues, s'inquiétait des conditions de mise en œuvre du traçage des données relatives à la santé… Après le déconfinement, une commission d'enquête du Sénat et de l'Assemblée nationale aura pour mission d'analyser la gestion gouvernementale de la crise.

Au total, à la date du 25 juin, le Conseil d'État avait été saisi de 230 recours en référés en lien avec la crise due au Covid-19[2]. Le Conseil d'État jugeait l'usage des drones non conforme au principe de protection des données personnelles. Il considérait l'interdiction de réunions dans les lieux de culte comme une atteinte grave et

1. Jacques TOUBON, « Les inégalités deviennent encore plus criantes avec l'état d'urgence sanitaire », *Le Monde*, 1er avril 2020.

2. Jean-Baptiste JACQUIN, « Le Conseil d'État a été saisi de 230 recours contre la gestion de la crise due au Covid-19, un record », *Le Monde*, 30 juin 2020.

manifestement illégale à la liberté de culte, ordonnait au gouvernement de lever cette interdiction. Le 13 juin, il rétablissait la « liberté de manifester, dans le respect des mesures barrières[1] ».

Des organisations n'avaient pas attendu ce rétablissement officiel pour manifester, passant outre à l'interdiction légale des rassemblements de plus de dix personnes. Fin mai, des milliers de manifestants défilaient en mémoire de George Floyd tué par un policier à Minneapolis, faisant le lien avec l'affaire Traoré en France. Le ministre de l'Intérieur avait, du reste, indiqué que, bien qu'interdite, cette manifestation serait tolérée et ne donnerait pas lieu à des sanctions. Pour un ministre de l'Intérieur, ces propos avaient de quoi surprendre. Ils entretenaient l'équivoque et témoignaient, là aussi, d'un embarras face à une situation que le ministre ne parvenait pas à maîtriser. Début juin, le collectif « Marche des solidarités » manifestait pour la régularisation de tous les sans-papiers… Face à ces manifestations, le pouvoir politique faisait preuve d'une relative tolérance. Cela n'empêchait pas les manifestants de dénoncer le « racisme d'État », les violences policières, la chasse aux migrants et aux sans-papiers…

---

1. Conseil d'État, *Manifestations sur la voie publique*, ordonnance du 13 juin 2020, en ligne : www.conseil-etat.fr/ressources/decisions-contentieuses/dernieres-decisions-importantes/conseil-d-etat-13-juin-2020-manifestations-sur-la-voie-publique

De leur côté, des syndicats, des collectifs de médecins, des particuliers accusaient le gouvernement d'avoir mal géré la crise sanitaire et avaient déposé des dizaines de plaintes auprès de la Cour de justice de la République et du parquet de Paris mettant en cause la gestion publique de la pandémie par l'administration. Toutes ces plaintes n'étaient pas recevables[1]. On peut considérer qu'elles relevaient d'un « populisme pénal[2] » qui entretient la confusion et la méfiance systématique envers les gouvernants. Mais, dans tous les cas, comment pouvait-on dire, dans ces conditions, que nous avions affaire à un pouvoir politique qui contrôlait tout ?

Des schémas préconçus

L'équilibre entre la protection de la santé de la population et la défense des libertés se révélait pour le moins délicat. Mais des intellectuels ne s'embarrassaient guère de telles subtilités. Ils pouvaient s'appuyer sur les restrictions des libertés et les contraintes bien réelles du confinement pour faire valoir des interprétations extrêmes

1. De mars à juillet 2020, 90 plaintes ont été déposées auprès de la Cour de justice de la République et neuf d'entre elles ont été jugées recevables. Cf. Nathalie RAULIN, « Gestion de l'épidémie : une vague de plaintes contre le gouvernement », *Libération*, 13 juillet 2020.

2. Alain FINKIELKRAUT, « Le vent mauvais du populisme pénal souffre sur la France », *Causeur*, mai 2020.

de la situation. À travers leurs déclarations plus ou moins alambiquées, les choses paraissaient simples : les restrictions des libertés étaient une nouvelle preuve que nous vivions désormais dans un régime d'exception qui ne pouvait aller qu'en s'accentuant ; la pandémie ne constituait pas une épreuve du réel sans précédent mais apparaissait comme une manifestation empirique de leur propre conception érigée en système simple d'explication. Alain Finkielkraut parlait justement à leur propos de « bêtise de l'intelligence » qui incriminait non le virus mais les gouvernants[1].

Après le terrorisme, la pandémie était ainsi considérée comme le prétexte idéal pour étendre les mesures d'exception au-delà de toute limite : « La fausse logique, déclarait Giorgio Agamben, est toujours la même : comme face au terrorisme on affirmait qu'il fallait supprimer la liberté pour la défendre, de même on nous dit qu'il faut suspendre la vie pour la protéger[2]. » L'épidémie aurait ainsi montré « clairement que l'état d'exception, auquel les gouvernements nous ont depuis longtemps habitués, est devenu la condition normale[3] ».

1. Alain FINKIELKRAUT, « "Jamais tant de féroces inepties n'ont été proférées sous le drapeau de la liberté d'exception." La bêtise des intelligents », *Causeur*, avril 2020.

2. Giorgio AGAMBEN, « L'épidémie montre clairement que l'état d'exception est devenu la condition normale », *Le Monde*, 28 mars 2020.

3. *Ibid.*

Il en ressortait une vision de la société qui « liquide en bloc toutes ses valeurs éthiques et politiques », où « notre prochain n'existe plus », les individus étant prêts à tout sacrifier pour rester en vie... Après la fin de l'urgence sanitaire, déclarait Agamben, les gouvernements pousseraient toujours plus loin leur logique : fermeture des universités, cours en ligne, fin des réunions politiques et culturelles... Les seuls échanges seraient des « messages digitaux » et partout il serait possible que les machines remplacent tout contact entre les humains. Un tel tableau de la situation présente et à venir était dressé par un « philosophe italien de renommée internationale », qui plus est « intellectuel de référence de la mouvance des "ingouvernables" »[1]. Face à une telle autorité de référence, le commun des mortels n'avait plus qu'à s'incliner.

Dans un autre registre, pour le philosophe allemand Peter Sloterdijk, la crise sanitaire affichait « tous les symptômes d'une prise de pouvoir par la "sécuro-cratie" camouflée sous les apparences d'une "médico-cratie" bienveillante », le peuple se soumettant à la « dictature médico-collectiviste »... Le système occidental allait ainsi « se révéler aussi autoritaire que celui de la Chine »[2].

1. *Ibid.*
2. Peter SLOTERDIJK : « Le système occidental va se révéler aussi autoritaire que celui de la Chine », *Le Point*, 18 mars 2020.

Et d'en appeler à « étudier une science inexistante, la labyrinthologie ». Comme son nom l'indique, cette « science des labyrinthes » n'a rien de linéaire mais ses conclusions allaient de soi : « Pour l'instant – devant la bifurcation "laisser aller" ou "confinement" –, le monde soi-disant "raisonnable" a opté pour la seconde option, aussi folle que celle-ci puisse paraître avec ses diktats démesurés[1]. » Alliée à d'autres, cette nouvelle science est prometteuse : « Bientôt, on verra que la politologie, l'immunologie, l'écologie et la labyrinthologie se retrouvent en face d'un ensemble de défis communs. Travaillons donc cette nouvelle science, nous en aurons besoin[2] ! » En attendant, avec la pandémie, le monde semblait s'enfoncer dans la catastrophe, et les démocraties étaient en voie d'extinction. Là aussi, que pouvait-on dire face à de telles déclarations émises par le « plus décapant des philosophes européens » ?

Le « biopouvoir » en question

Il est une autre figure intellectuelle, celle de Michel Foucault, à laquelle on faisait référence comme à une sorte de prophète (version sciences

1. *Ibid.*
2. *Ibid.*

humaines) qui avait analysé et compris avant tout le monde la signification profonde du confinement. Pour ses laudateurs, nous vivions un « moment foucaldien[1] » où la gestion de la crise sanitaire correspondait on ne peut mieux à sa conception du « biopouvoir ».

Cette notion foucaldienne désigne de nouveaux mécanismes du pouvoir, fruits de transformations qui, dans le cours de l'histoire, auraient relégué le juridique au second plan : « Les Constitutions écrites dans le monde entier depuis la Révolution française, les Codes rédigés et remaniés, toute une activité législative permanente et bruyante ne doivent pas faire illusion : ce sont là les formes qui rendent acceptable un pouvoir essentiellement normalisateur[2]. »

Celui-ci impose sournoisement un modèle ; il « contrôle » les corps et les esprits, les « discipline », les « normalise » jusque dans leur être le plus intime – la surveillance et la punition de la sexualité en sont un des exemples les plus frappants. Les procédés visant à gérer la santé et l'hygiène, la sexualité… s'inscrivent dans ce cadre.

1. Annie Cot, « Quand Michel Foucault décrivait "l'étatisation du biologique" », *Le Monde*, 20 avril 2020.

2. Michel Foucault, *Histoire de la sexualité, 1. La volonté de savoir*, Gallimard, 1976, p. 190.

La gestion de la pandémie, la mise en place d'un « comité scientifique », le confinement, les normes de comportements sanitaires martelées quotidiennement, l'adoption de logiciels de traçage… n'étaient-ils pas une parfaite illustration de ce « biopouvoir » sournois et tentaculaire qui investit la vie de part en part de techniques diverses pour obtenir l'assujettissement des corps et le contrôle des populations ?

Réinvesti à bon compte dans l'analyse critique de la pandémie, ce « biopouvoir » devenait une explication facile qui confortait à sa manière la méfiance généralisée dans les rapports sociaux, les critiques gauchisantes envers l'État et les gouvernants.

De nouveau, l'emballement intellectuel et médiatique enchaînait les formulations chocs, comme autant de preuves répétées à l'envi d'un totalitarisme supposé : « Le (bio)pouvoir devient tentaculaire au point de s'immiscer jusque dans nos corps fiévreux à parquer en quarantaine[1] » ; « c'est le corps que l'on discipline, que l'on confine, que l'on fait disparaître comme le détenu de la prison de Fresnes décédé du Covid-19[2] » ; « l'obsession de la santé est devenue la pire

1. Julia de FUNÈS, « Déconfinés, mais surveillés et (au besoin) punis : la magie du "en même temps" », *Figarovox*, 1er mai 2020.

2. Leïla CHOUKROUNE, « Cette fois, c'est le corps qu'on discipline », *Le Monde*, 20 mars 2020.

ennemie de la liberté » à tel point que nous vivons dans « une société d'esclaves en bonne santé[1] » ; « les politiques ont cédé leur pouvoir à une technocratie médicale aux moyens titanesques. Les totalitarismes en rêvaient, nos démocraties l'ont fait[2] »...

Cette référence au « biopouvoir » glissait facilement vers une vision totalitaire du pouvoir au sein des sociétés démocratiques. La nécessité de faire face à la pandémie en prenant des mesures drastiques sur fond de manque de préparation et de moyens n'entrait pas en ligne de compte, sinon à titre de justification d'un biopouvoir qui ne s'avouait pas comme tel. En guise de contrôle et d'assujettissement sur la vie et les corps, c'était plutôt la peur de la contagion et l'acceptation résignée qui prévalaient dans la population, sans pour autant que celle-ci soit dupe des discours et des injonctions paradoxales du « biopouvoir » en question.

Un confinement orwellien ?

La tentation journalistique était trop belle de comparer la situation créée par le confinement

1. Leonid BERKOVICH, « Une société d'esclaves en bonne santé », *Causeur*, 14 mai 2020.

2. Anne-Laure BLOCH, « Le putsch des blouses blanches », *Causeur*, avril 2020.

avec l'univers du roman *1984* de George Orwell : « Le Parti orwellien et le gouvernement français actuel partagent la même obsession : le relâchement de la population. Surtout pas d'effusions ! Bannir les rencontres. » Bien plus : « Dans la répression et la vexation, l'État français se montre bien plus imaginatif que le Parti orwellien. » Néanmoins, il existait une différence essentielle : « Sa communication fleure l'amateurisme. Elle est trop évidemment infantilisante. Elle joue sur deux registres : la peur ("Si tu sors de chez toi, le grand méchant loup va te manger") et le chantage ("Si tu t'aventures au square le 11 mai, tu reprends deux mois de confinement"). Cet autoritarisme croquignolesque, pour utiliser un adjectif qu'affectionne le président de la République, nous sépare heureusement du totalitarisme orwellien[1]. » Nous étions rassurés...

On pouvait s'inquiéter à juste titre des conditions de mise en œuvre du traçage des données relatives à la pandémie, mais en quoi ce traçage s'apparentait-il à « Big Brother » qui entend tout maîtriser, asservir les individus jusqu'au plus profond de leur psychisme ? Orwell montre, sous une forme romanesque, comment la télévision et des caméras de surveillance constituent de nouveaux

1. Sébastien Le Fol, « A-t-on le droit de critiquer le confinement ? », *Le Point*, 4 mai 2020.

et puissants moyens de domination dans les mains d'un pouvoir totalitaire. Quel rapport avec la gestion chaotique de la crise sanitaire par un pouvoir politique qui tentait tant bien que mal de contrer la contagion en essayant de ne pas trop montrer ses lacunes et ses faiblesses ? Ses injonctions contradictoires, ses revirements sur l'utilité ou la non-utilité des masques ne relevaient pas de la propagande totalitaire mais d'une communication gouvernementale quelque peu déjantée par porte-parole interposée qui ne trompait guère la majorité de la population. Quant à la prétention du gouvernement de sélectionner sur son site les « sources d'information sûres et vérifiées » sur la pandémie, elle a fait long feu face aux critiques qui ont dénoncé cette tentative d'imposer une vérité officielle.

L'opinion n'a jamais cru, bien au contraire, que le pouvoir politique était infaillible et omnipotent malgré ses grandes déclarations et ses références aux autorités scientifiques qui, du reste, étaient divisées. On est loin d'une « complète obéissance à la volonté de l'État » et d'une « complète uniformité d'opinion sur tous les sujets »[1].

Il ne s'agit pas pour autant de renoncer à la vigilance vis-à-vis des propagandes et des restrictions des libertés. Mais cette vigilance n'implique pas d'entretenir la confusion. L'encadrement par

1. George ORWELL, *1984*, Gallimard, « Folio », 1984, p. 292.

la loi, l'existence d'une pluralité d'institutions et de sources d'informations, de contre-pouvoirs au sein de la société constituent autant de garde-fous. Reste que nous avions affaire à une bureaucratie administrative avec ses nomenclatures, ses normes rigides, tatillonnes et incohérentes. Mais ces réalités ne justifient pas l'usage éhonté du qualificatif de « totalitaire » qui ressortit aux régimes et aux sociétés à parti et idéologie uniques avec le règne de la terreur et les camps.

La perte du « sens commun » ne concerne pas seulement une partie de la classe politique, mais nombre de journalistes militants et d'intellectuels qui ne s'embarrassent guère des « réalités empiriques » pour faire valoir leurs propres conceptions. L'« état d'urgence sanitaire » et le confinement leur ont fourni de quoi alimenter une fantasmagorie du pouvoir, de la domination et de la manipulation. Celle-ci demeure aveugle sur l'ambivalence du fonctionnement démocratique et la fragilité relative des gouvernants qui, dans la période historique que nous vivons, ont le plus grand mal à faire valoir leur autorité et à inspirer la confiance.

Chapitre 8

Science et politique

Mélange des genres et pilotage à vue

Peu de temps avant le confinement, dans son adresse aux Français du 12 mars 2020, le président de la République déclarait : « Un principe nous guide pour définir nos actions, il nous guide depuis le début pour anticiper cette crise puis pour la gérer depuis plusieurs semaines et il doit continuer de le faire : c'est la confiance dans la science. C'est d'écouter celles et ceux qui savent[1]. »

Dans une situation de méconnaissance du virus, les avis et les recommandations de scientifiques constituaient un élément essentiel aux décisions politiques. La création d'un conseil scientifique pour « éclairer la décision

1. Adresse aux Français du président de la République, 12 mars 2020, en ligne : www.elysee.fr/emmanuel-macron/2020/03/12/adresse-aux-francais

publique dans la gestion de la situation sanitaire liée au Coronavirus[1] » répondait à cette nécessité.

Mais, dans une situation difficilement maîtrisable, les avis de ce comité ne pouvaient manquer d'apparaître comme des repères de vérité où s'accrocher, au risque de mélanger les genres entre science et politique. Ce Conseil avait beau dire et répéter que son rôle n'était pas de prendre des décisions, ses recommandations n'en étaient pas moins déterminantes dans la gestion de la crise sanitaire, tout particulièrement dans le choix de confiner la population. En considérant la société sous un angle essentiellement sanitaire, il a pris les traits d'un organisme technocratique supplémentaire s'ingérant dans la vie des Français.

Un comité scientifique privilégié

Des instances scientifiques légalement constituées existaient déjà (Santé publique France, Haute Autorité de santé, Haut Conseil de la santé publique...) et, dès sa création, le Conseil scientifique a fait l'objet de critiques concernant sa base légale, ses procédures de nomination et son

1. Communiqué de presse d'Olivier Véran, ministre des Solidarités et de la Santé, 11 mars 2020.

fonctionnement[1]. Le questionnement portait précisément sur « la place extraordinaire accordée au comité de scientifiques : alors que les mesures prises et à prendre sont de nature à porter atteinte aux libertés, il aurait été logique de prévoir la consultation préalable du Conseil constitutionnel ou de la Commission nationale consultative des droits de l'homme[2] ». Il n'en fut rien.

La loi relative à l'état d'urgence sanitaire prévoyait précisément la création d'un tel comité[3] qui fut officialisé par le décret du 3 avril 2020. Face aux effets de la pandémie, il fallait rapidement prendre des décisions en consultant des scientifiques.

À la demande du président de la République, le ministre de la Santé installait officiellement un conseil scientifique. Présidé par le professeur Jean-François Delfraissy[4], ce comité de

1. Texte de la pétition « L'urgence des libertés », *Libération*, 16 avril 2020.

2. *Ibid.*

3. Mis en place le 10 mars 2020, il a été officialisé par le décret du 3 avril 2020, sous le nom de Comité de scientifiques établi au titre de l'urgence sanitaire en application de la loi n° 2020-29 du 23 mars 2020 d'urgence pour faire face à l'épidémie du Covid-19.

4. Ancien directeur du Comité consultatif national d'éthique (1999-2008), Jean-François Delfraissy a dirigé, de 2005 à 2017, l'Agence nationale de recherches sur le Sida et les hépatites virales, et parallèlement, de 2008 à 2017, l'institut de microbiologie et maladies infectieuses de l'Institut national de la santé et de la recherche médicale (Inserm).

onze membres n'était pas seulement composé de spécialistes des maladies infectieuses, d'un « modélisateur » chargé entre autres de prévoir la vitesse possible de propagation du virus, d'un médecin généraliste, d'une réanimatrice, mais il comptait aussi parmi ses membres une anthropologue et un sociologue. Ce conseil était « consultatif et dépourvu de fonction opérationnelle », jouant un « rôle d'aide à la décision » ; il devait rendre ses avis « en toute indépendance au seul vu de l'intérêt général du pays », aborder les questions de nature épidémiologique et médicale, mais aussi celles concernant l'« interface entre crise sanitaire et société »[1].

Deux semaines après la mise en place du Conseil scientifique, Emmanuel Macron annonçait la création d'une nouvelle instance, le Care (Comité analyse recherche et expertise). Présidé par Françoise Barré-Sinoussi, Prix Nobel, virologue à l'Institut Pasteur, ce comité réunissait douze chercheurs et médecins dont deux étaient également membres du Conseil scientifique.

Emmanuel Macron déclarait dans un tweet : « C'est grâce à la science et à la médecine que nous vaincrons le virus. Je réunis aujourd'hui nos

1. Règlement intérieur du Conseil scientifique Covid-19 du 15 avril 2020. Version corrigée et définitive du 30 avril 2020, en ligne : solidarites-sante.gouv.fr/IMG/pdf/reglement_interieur_cs.pdf

meilleurs chercheurs pour progresser sur les diagnostics et les traitements[1]. » La Direction générale de la santé précisait que le Care avait un rôle différent et complémentaire du Conseil scientifique[2]. Mais la création d'une seconde instance – sans compter les autres institutions en matière de recherche, de médecine et de santé publique – renforçait l'idée d'un imbroglio des responsabilités et des rôles difficiles à démêler. Le Conseil scientifique n'en apparaissait pas moins comme l'organisme privilégié alors qu'existe une inculture scientifique chez les dirigeants et dans la population[3]. Les Français acceptaient bon gré, mal gré les contraintes du confinement sans y voir nécessairement plus clair sur la situation, et les avis du Conseil scientifique n'avaient rien de rassurant.

1. Tweet d'Emmanuel Macron (@EmmanuelMacron), 24 mars 2020.

2. Le Care doit aider le gouvernement en suivant les études thérapeutiques autorisées en France et les différents projets de vaccins, dans les stratégies en matière de tests, et se prononcer sur l'opportunité de la mise en place d'une stratégie numérique d'identification des personnes ayant été au contact de personnes infectées.

3. Comme l'a dit Jean-Pierre Dupuy dans *Le Monde* : « Nous vivons dans des sociétés complètement façonnées par la science et la technique, et qui sont gouvernées par des hommes et des femmes le plus souvent analphabètes en la matière. » Et : « Si nous sommes la seule cause des maux qui nous frappent, notre responsabilité devient illimitée », *Le Monde*, 3 juillet 2020.

Le politique à la remorque de « ceux qui savent » ?

Au départ, le pouvoir politique a suivi les avis du Conseil scientifique de telle manière que ceux-ci pouvaient apparaître comme émanant d'une science qui dictait sa loi. Dès son premier avis du 12 mars, le Conseil scientifique préconisait des mesures drastiques. Mais, curieusement, interrogé sur le maintien ou non du premier tour des élections municipales, il indiquait qu'il n'y avait pas plus de risques en allant voter qu'en faisant ses courses, tout en insistant pour que le scrutin se déroule dans des « conditions d'hygiène renforcées[1] ».

Le même jour, le pouvoir politique maintenait le premier tour des élections en se référant aux scientifiques qui « considèrent que rien ne s'oppose à ce que les Français, même les plus vulnérables, se rendent aux urnes[2] ». S'y ajoutait la consultation des familles politiques qui souhaitaient que les élections aient lieu. Au lendemain du premier tour, Emmanuel Macron pouvait ainsi déclarer : « Un consensus scientifique et politique

1. Avis du Conseil scientifique Covid-19, 14 mars 2020.

2. Adresse aux Français du président de la République, 12 mars 2020, en ligne : www.elysee.fr/emmanuel-macron/2020/03/12/adresse-aux-francais

s'est formé pour maintenir le premier tour des élections municipales[1]. »

Dès le lendemain du scrutin, la situation semblait avoir changé du tout au tout puisque le Conseil appelait à la mise en œuvre d'un « confinement généralisé strict sur le modèle de l'Italie, mis en place au niveau national » ; « seules devaient persister les activités strictement nécessaires à la vie de la nation ». Il soulignait également la nécessité d'un respect total des mesures d'exclusion visant à isoler les établissements d'hébergement des personnes à risques[2].

L'exécutif allait suivre ces recommandations. Dans son allocution télévisée du 16 mars – le même jour que celui de la publication de l'avis du Conseil scientifique –, le président de la République annonçait les mesures de confinement et le report du second tour des élections municipales, après avoir consulté le président du Sénat, le président de l'Assemblée nationale ainsi que ses prédécesseurs.

Une semaine plus tard, le 23 mars, nouvel avis du Conseil estimant nécessaire le renforcement du confinement et sa prolongation au vu de la propagation de l'épidémie[3]. Quatre jours

1. Déclaration de M. Emmanuel Macron, président de la République, le 16 mars 2020.

2. Avis du Conseil scientifique Covid-19, 16 mars 2020.

3. Avis du Conseil scientifique Covid-19, 23 mars 2020.

plus tard, le Premier ministre annonçait le prolongement du confinement pour une période de deux semaines supplémentaires jusqu'au mercredi 15 avril[1]. Le même scénario se répétait au fil des semaines. Le 2 avril, le Conseil scientifique indiquait que la priorité demeurait la poursuite d'« un confinement renforcé dans la durée[2] » ; le 13 avril, le président de la République déclarait que le « confinement le plus strict » devait encore se poursuivre pendant presque un mois jusqu'au lundi 11 mai[3].

Alors que le Conseil scientifique préconisait le maintien de la fermeture des crèches, écoles, collèges, lycées et universités jusqu'en septembre, Emmanuel Macron décidait de rouvrir progressivement les écoles à partir du 11 mai. Le Conseil prenait acte de cette décision politique tenant compte des « enjeux sanitaires mais aussi sociétaux et économiques » et émettait aussitôt de nouvelles recommandations[4]...

1. Le Conseil scientifique avait indiqué que le confinement « durera vraisemblablement au moins six semaines à compter de sa mise en place » (avis du 23 mars).

2. Avis du Conseil scientifique Covid-19, 2 avril 2020, « État des lieux du confinement et critères de sortie ».

3. « Adresse au français », 13 avril 2020, en ligne : www.elysee.fr/emmanuel-macron/2020/04/13/adresse-aux-francais-13-avril-2020

4. Avis du Conseil scientifique Covid-19, 20 avril 2020.

La science en question

Le Conseil se référait à des « modélisations épidémiologiques connues » comme des éléments à prendre en compte dans la décision du confinement généralisé. Dès son premier avis officiel du 12 mars, il faisait valoir les résultats de modèles mathématiques qui dessinaient un scénario catastrophique : si on laissait le virus se propager sans rien faire, au moins 50 % de la population serait infectée après une ou plusieurs vagues épidémiques, ce qui correspondait à « des centaines de milliers de morts en France avec une surmortalité importante due à la saturation des services de réanimation[1] ». Au vu de ces résultats, dans une situation de manque manifeste de moyens, le confinement paraissait s'imposer.

Ces modélisations pouvaient sans doute fournir une indication générale d'une dynamique possible de la contagion, mais n'en prêtaient pas moins à discussion[2]. Dans ses avis, le Conseil scien-

---

1. Avis du Conseil scientifique Covid-19, 12 mars 2020.

2. Cf. Gianluca MANZO, « Les réseaux sociaux dans la lutte contre le Covid-19 », *La Vie des idées*, 21 avril 2020, en ligne : laviedesidees.fr/Les-reseaux-sociaux-dans-la-lutte-contre-le-Covid-19.html. Dans cet article, Gianluca Manzo, sociologue au Groupe d'étude des méthodes de l'analyse sociologique (Gemas), au CNRS, souligne, entre autres, que les résultats des mesures ne prennent pas suffisamment en compte le comportement des acteurs de façon détaillée, et

tifique soulignait que ces modèles mathématiques « ne sauraient en aucun cas être la base unique d'une décision de santé publique » ; le décideur, ajoutait-il, « doit prendre en compte les très nombreuses incertitudes et la situation évolutive[1] ». Mais cela ne changeait pas grand-chose au fait que ces modélisations mathématiques complexes avaient valeur d'autorité auprès des politiques et des citoyens ordinaires peu au fait des modèles mathématiques en question. Dans ce cadre, la référence à la science pouvait masquer une adaptation au jour le jour et servir de caution aux décisions politiques. Les rappels de prudence et de la distinction des rôles formulés par le Conseil scientifique ne modifiaient guère cette situation.

Dans sa déclaration télévisée du 13 avril, tout en soulignant les réussites le président de la République avait fini par déclarer : « Nous avons dû parer à l'urgence, prendre des décisions difficiles à partir d'informations partielles souvent changeantes. [...] Le moment, soyons honnête, a révélé des failles, des insuffisances[2]. » En juin 2020, Jean-François Delfraissy le disait plus crûment : « Nous étions quand même dans quelque chose qui nous a sidérés. Je n'ai pas

---

que les modélisations employées ne représentent pas explicitement la structure de ces interactions.

1. Avis du Conseil scientifique Covid-19, 12 mars 2020.
2. « Adresse aux Français », 13 avril 2020, *loc. cit.*

dormi pendant trois ou quatre nuits à la suite de cela [le confinement du pays tout entier]. Nous n'avions aucune certitude. Prendre cette décision a été quelque chose de très difficile[1]. » Il reconnaissait que des « erreurs d'évaluation initiales » avaient pu être commises ; le confinement de toute la population appliquée à partir de la mi-mars « n'était pas la bonne décision mais la moins mauvaise »[2]. Pour lui, il n'existait pas d'autre choix dans une situation qui empirait de jour en jour et où les services de réanimation risquaient d'être incapables de prendre en charge les patients.

À vrai dire, il ne fallait pas être un grand scientifique pour comprendre que la France n'était pas armée pour faire face à cette pandémie et qu'on ne l'avait pas dit clairement. Le décalage entre les discours solennels du président et les réalités prosaïques était manifeste.

Quand la science s'embrouille

L'idée d'un point de vue scientifique unanime avait fait long feu. À peine nommé au Conseil scientifique, le professeur Didier Raoult

---

1. Propos cités par Cécile THIBERT, « Le Conseil scientifique se justifie sur la nécessité du confinement », *Le Figaro*, 19 juin 2020.
2. Jean-François DELFRAISSY, *Le Journal du Dimanche*, 7 juin 2020.

annonçait qu'il ne participait plus aux réunions à la suite de son désaccord concernant le confinement général de la population. Ce confinement ne reposait pas, selon lui, sur des données scientifiques établies, les projections mathématiques effectuées étant, pour le moins, discutables. Les membres du Conseil scientifique ne lui paraissaient pas les plus compétents pour connaître le coronavirus et il considérait qu'ils étaient insuffisamment proches du terrain pour prendre les bonnes décisions.

Didier Raoult ne se contentait pas de la critique. Il mettait en pratique ses orientations en ouvrant son IHU (Institut hospitalo-universitaire Méditerranée[1]) au dépistage massif et au traitement qu'il préconisait, en pensant qu'à plus ou moins long terme l'histoire pourrait lui donner raison. Le Conseil scientifique estimait quant à lui que « le confinement est actuellement la seule stratégie réellement opérationnelle, l'alternative du dépistage à grande échelle et d'isolement des personnes détectées n'étant pas pour l'instant réalisable à l'échelle nationale[2] ».

La polémique sur le traitement par l'hydroxychloroquine, dont Didier Raoult était partisan, n'en finissait pas pour autant. Fin mai, une

1. Centre de recherche, de soin, de formation et de valorisation spécialisé dans la lutte contre les maladies infectieuses.

2. Avis du Conseil scientifique, 23 mars 2020.

enquête publiée dans la prestigieuse revue médicale *The Lancet* jugeait inefficace et néfaste le recours à ce médicament pour les malades du Covid-19. Elle était reprise aussitôt par les médias comme une vérité scientifique. Le gouvernement, après avis du Haut Conseil à la santé publique, interdisait l'utilisation de ce médicament : que ce soit en ville ou à l'hôpital, cette molécule ne devait pas être prescrite pour les patients atteints de Covid-19[1]. On apprenait ensuite que cette étude – comme l'avait dit le professeur Raoult – n'était pas fiable. De quoi douter un peu plus de la science en question et des décisions politiques par la même occasion.

Par-delà cette affaire, les polémiques sur l'appréciation de l'état de la pandémie et les mesures à prendre se faisaient de plus en plus virulentes dans les médias et les réseaux sociaux. Les scientifiques et les spécialistes – divers et nombreux – apparaissaient aux yeux du grand public comme des êtres humains qui, malgré leurs titres et leurs connaissances, étaient mus par des passions qui, visiblement, ne relevaient pas de la seule recherche de la vérité. Il devenait difficile de démêler les connaissances

1. Ministère des Solidarités et de la Santé, communiqué de presse « Hydroxychloroquine », 27 mai 2020, en ligne : solidarites-sante.gouv.fr/actualites/presse/communiques-de-presse/article/communique-de-presse-hydroxychloroquine-27-mai-2020

scientifiques des règlements de comptes personnels, idéologiques et politiques. La controverse « scientifique » tournait à la cacophonie et les citoyens ne savaient plus « à quel saint se vouer » : pouvait-on vraiment faire confiance, non seulement aux politiques qui pilotaient à vue, mais aussi aux « scientifiques » avec leurs polémiques à n'en plus finir sur les plateaux de télévision ? Dans ces conditions, l'« écoute de celles et ceux qui savent », pour reprendre l'expression d'Emmanuel Macron, aboutissait à ne plus rien comprendre, ou pas grand-chose, accentuant la représentation d'un monde immaîtrisable.

La science « à tout faire » ?

Dans son « approche scientifique globale des enjeux[1] » de la pandémie, le Conseil scientifique était amené à traiter des phénomènes sociaux et culturels qui allaient bien au-delà de l'évaluation de la propagation du virus et des scénarios pour y faire face.

Il intervenait dans le cadre fixé qui incluait l'« interface entre crise sanitaire et société[2] », mais en intervenant sur des questions concernant

1. Communiqué de presse d'Olivier Véran, *loc. cit.*
2. Règlement intérieur du Conseil scientifique Covid-19, *loc. cit.*

la condition humaine, il opérait un mélange des genres. Il traitait de questions éthiques, philosophiques et religieuses comme s'il s'agissait de domaines du même ordre que ceux de la gestion sanitaire de la pandémie. Les avis et les recommandations sur ces questions ne pouvaient se prévaloir de la « science » et d'une autorité de cet ordre. Mais la légitimité et l'autorité que lui conférait le pouvoir politique faisaient valoir, de fait, cette prétention.

Le Conseil entendait ainsi prendre en compte les « effets sociaux » du confinement sur l'« activité, les comportements et la santé de nos concitoyens »[1]. Dans ce domaine, les modélisations mathématiques de l'évolution de la pandémie n'étaient pas d'un grand secours. Le Conseil se référait alors à différentes enquêtes d'opinion et soulignait la nécessité de disposer d'indicateurs sociaux afin de « produire des éléments de connaissance et d'appréciation transparents sur le confinement[2] ». Il appelait également à une « initiative de recherche de grande ampleur orientée vers les sciences humaines, sociales, économiques et comportementales » dont les travaux pourraient

1. Avis du Conseil scientifique Covid-19, « État des lieux du confinement et critères de sortie », 2 avril 2020.

2. « Leur production pourrait être confiée à un observatoire indépendant associant des contributions publiques, privées et citoyennes », *ibid.*

être diffusés dans un « contexte de science ouverte et citoyenne »[1].

Cette référence à la science et à la transparence dans les domaines des comportements humains et des enjeux sociétaux n'allait pas sans équivoque. Les sondages d'opinion et autres méthodes statistiques pouvaient certes fournir des informations utiles mais ils ne donnaient qu'un état de l'opinion et de la situation. Quant aux « sciences humaines », elles ne relèvent pas du même registre que les sciences de la nature et des sciences exactes. Elles impliquent des phénomènes d'ordre symbolique et culturel qui ne sont pas simplement de l'ordre de mécanismes fonctionnels mais confèrent une signification au monde dans lequel nous vivons.

Le champ de recommandations du Conseil concernait en fait des domaines qui dépassaient de loin sa compétence scientifique. Ces recommandations concernaient des propositions en matière de liberté, d'éthique, de fin de vie, alors qu'aucun juriste, philosophe, représentant des courants de pensée et des religions n'y siégeait.

Dans le même temps où il prônait le renforcement du confinement, le Conseil préconisait des mesures visant « l'équité, la coopération

1. Avis du Conseil scientifique, 23 mars 2020.

et l'adhésion de la population[1] », invitait à y « associer le monde associatif »... Il soulignait l'importance d'une réflexion sur les « implications éthiques et stratégiques des options numériques », formulant différents principes et procédures d'une « bonne gouvernance » dans ce domaine[2].

Dans son avis sur la situation dans les Ehpad, il reconnaissait que le confinement préconisé soulevait d'« importantes questions non seulement sanitaires, mais aussi éthiques, légales et plus largement sociales », dans la mesure où il conduisait à « priver les résidents de ce qui fait souvent le sens de leur existence en fin de vie (échanges, promenades en plein air...) ». Pour « compenser » les effets d'un confinement collectif et maintenir les liens quotidiens avec les personnes âgées, l'usage du téléphone et des applications vidéo lui paraissait l'une des alternatives[3]. Les personnels soignants n'avaient pas attendu cette note pour « compenser », autant que faire se peut, l'inhumanité de l'interdiction des visites et de la mort dans la solitude des personnes âgées.

1. *Ibid.*

2. Avis du Conseil scientifique, 20 avril 2020, « Fiche 6. Implications éthiques et stratégiques des options numériques ».

3. Note du Conseil scientifique, 30 mars 2020, « Les Ehpad. Une réponse urgente, efficace et humaine ».

Du « corps des défunts » et des « besoins spirituels »

Le Conseil scientifique n'hésitait pas non plus à aborder le difficile problème de la « prise en charge des corps des défunts » en soulignant la nécessité de l'adaptation de certains rituels de fin de vie en ces termes : « Le récent aménagement du procédé de fermeture des housses des patients décédés permettant, à au moins un membre de la famille, de pouvoir une dernière fois saluer le défunt et de voir son visage est capital et cohérent avec le souci d'humanité n'excluant pas la prévention du risque[1]. »

Poursuivant ses recommandations, le Conseil scientifique indiquait qu'il serait possible de « relayer cet échange d'un enregistrement vidéo qui pourrait aller jusqu'à la mise en terre ou l'incinération ». Et d'émettre un avis qui engage un jugement bien particulier : « Ce type de cérémonie [enregistrée en vidéo] serait le garant de l'acceptation du départ et permettrait un enterrement apaisé et sécurisé pour que la famille puisse commencer le deuil[2]. » Les familles endeuillées apprécieront.

1. Avis du Conseil scientifique, 23 mars 2020.
2. *Ibid.*

Le Conseil scientifique attirait également l'attention des autorités sur l'« accompagnement spirituel ».

Retraduit en termes de « soin pastoral », celui-ci devait aboutir à la création d'une « permanence téléphonique pastorale », où des « écoutants, qui répondront dans une démarche inter-cultes, pourront orienter ceux qui le souhaitent vers des personnes désignées par chaque culte pour répondre à leurs besoins spécifiques[1] ». Dans un moment où la célébration des cultes était interdite, cette compensation paraissait un piètre succédané.

Traduites en termes de normes sanitaires pour l'ensemble de la population, les questions mettant en jeu directement notre rapport à la vieillesse, à la maladie, à la mort, à la religion, prenaient des allures d'un monde où rien n'échappait à l'emprise de savants qui étaient persuadés d'agir pour le bien des gens malgré eux. Le Conseil scientifique avait les traits d'une technocratie, institutionnalisée et instrumentalisée par un pouvoir politique en mal de repères et d'orientation.

1. *Ibid.*

Un pouvoir labellisé

Par-delà les conditions exceptionnelles de la crise sanitaire, le recours politique à un comité d'experts n'est pas nouveau et il est devenu un mode de gestion qui concerne bien d'autres domaines. Le pouvoir politique peut y faire appel pour mieux appréhender la réalité, mais il ne saurait pour autant faire valoir cette expertise pour légitimer des décisions qui mettent en jeu d'autres facteurs et lui appartiennent en propre. La façon dont nombre d'orientations et de choix politiques ont été promus dans l'espace public participent de ce phénomène.

Dans le domaine de la bioéthique, le pouvoir politique a été ainsi amené à consulter le Comité consultatif national d'éthique (CCNE) comme s'il attendait de lui une sorte de « tampon de moralité » sur ses propres choix, cautionnant celui de minorités qui réclament que l'on fasse droit à leurs demandes[1].

Cette façon de faire s'est déployée d'une autre manière dans le domaine économique et social. Les choix politiques – qui, peu ou prou, sont déjà pris et ne seront corrigés qu'à la marge – peuvent

---

1. Cf. Didier SICARD, *Bioéthique et PMA : jusqu'où ira-t-on ?*, Cahier de *Politique Autrement*, janvier 2020.

alors être validés par des experts attitrés bénéficiant d'une autorité sur ces questions. Ce procédé est particulièrement mis en œuvre quand il s'agit d'opérer des choix difficiles en matière de réformes et de restructurations, impliquant des remises en cause et des sacrifices pour telle ou telle catégorie professionnelle.

L'État met alors en place des groupes de travail composés d'experts ou de « personnalités extérieures » ; il peut également faire appel à des sociétés d'audit et de conseil. Celles-ci redoublent et contournent les instances déjà existantes qui se trouvent de fait dévalorisées, entraînant un brouillage des responsabilités et des rôles. C'est la fonction symbolique du pouvoir comme pôle de référence assumant clairement ses orientations et ses choix qui se trouve alors altérées.

Le recours à un « comité scientifique » dans la gestion de la pandémie n'a pas échappé à cette ambiguïté. Il a été mis en place dans une situation où la méfiance envers les dirigeants politiques et les institutions existait de longue date. Le fait est que ce dispositif n'est pas parvenu à restaurer la confiance envers les politiques et les scientifiques, mais a eu tendance à l'éroder un peu plus.

Le plus problématique a peut-être été de laisser croire que la science pouvait être garante de bonnes décisions politiques, alors qu'on ne savait pas grand-chose et que le pouvoir naviguait à vue.

Celui-ci a sans doute fait ce qu'il a pu dans une situation des plus difficiles, mais les Français ont des raisons de penser que, pendant toute cette période, on les a pris quand même pour des enfants ou pour des imbéciles.

Conclusion

Dans quel pays voulons-nous vivre ?

La France est toujours malade. Chaque jour, les politiques, les scientifiques, les médecins, les journalistes, les sondeurs, les intellectuels… s'inquiètent de son état. Il en ressort une appréciation générale qui apparaît comme un triste bulletin de santé-météo : nous allons « vivre avec le virus » pendant un moment et il faut continuer à nous protéger et faire attention ; l'État est là pour nous aider à passer ce mauvais cap pourvu qu'on prenne conscience de la gravité de la situation… Au cas où nous n'aurions pas compris le message, l'État, l'administration et les médias le répètent en boucle jusqu'à saturation, comme une leçon perpétuelle donnée à des citoyens-enfants toujours prêts à se rebeller à la moindre occasion.

Paternalisme post-moderne et société victimaire

Envisageant le nouveau despotisme qui pourrait apparaître au sein des sociétés démocratiques, Tocqueville indiquait qu'il n'est pas comparable à ceux qui ont pu exister dans le passé : « Il ressemblerait à la puissance paternelle si, comme elle, il avait pour objet de préparer les hommes à l'âge viril ; mais il ne cherche, au contraire, qu'à les fixer irrévocablement dans l'enfance[1] [...]. Il ne brise pas les volontés, mais il les amollit, les plie et les dirige ; il force rarement d'agir, mais il s'oppose sans cesse à ce qu'on agisse ; il ne détruit point, il empêche de naître ; il ne tyrannise point, il gêne, il comprime, il énerve, il éteint, il hébète[2]... » Et d'ajouter : il « pourrait se combiner mieux qu'on ne l'imagine avec quelques-unes des formes extérieures de la liberté », et « il ne lui serait pas impossible de s'établir à l'ombre même de la souveraineté du peuple »[3]. Ne sommes-nous pas parvenus à cette situation ?

Des libertés fondamentales et tout un tissu économique et social sont mis à mal au nom d'un

1. Alexis de TOCQUEVILLE, *De la démocratie en Amérique* (1840), t. II, Gallimard, « Folio histoire », p. 434.
2. *Ibid.*, p. 435.
3. *Ibid.*

argument massue : « La santé et la vie valent plus que tout. » Le président de la République combine un mode de pouvoir centré autour de sa personne et un cadre institutionnel qui paraît vidé de sa substance, « à l'ombre même de la souveraineté du peuple ». La gestion de la crise sanitaire par l'État rappelle ce « pouvoir immense et tutélaire, qui se charge seul d'assurer leur jouissance et de veiller sur leur sort[1] » et le « despotisme dans la sphère administrative[2] » dont parle Tocqueville.

La façon dont on décide pour nous et nous infantilise n'en comporte pas moins des aspects nouveaux. Elle combine la figure d'un chef de l'État, (jeune) père de la nation qui entend unir et sauver la France, et celle d'un manager hyperactif et communicant qui anime une sorte de « grand débat » permanent. Il est présent partout, a réponse à tout, et développe un lien direct avec les citoyens qui l'expose à des retours de bâton.

Cette oscillation permanente donne lieu à des discours aux tonalités et aux contenus contrastés. Le président de la République s'adresse solennellement à la nation, en essayant de réinsérer les épreuves qu'elle subit dans l'histoire du pays et de retrouver l'intonation des grands hommes politiques qui l'ont marquée. « En même temps »,

1. *Ibid.*, p. 434.
2. *Ibid.*, p. 437.

il n'hésite pas à nous prodiguer de multiples conseils pratiques concernant le lavage des mains, le port du masque, l'aération des appartements... Ce mélange des genres a peu de chances d'asseoir son autorité, de rétablir la confiance et d'unir le pays autour de sa personne.

Emmanuel Macron s'entoure de multiples conseillers ; il met en place des organismes d'expertise, des « conseils scientifiques » qui dédoublent les institutions déjà en place. Le Conseil de défense, initialement consacré aux orientations et aux décisions en matière militaire, joue un rôle clé dans la gestion de la crise sanitaire. Dans cette configuration, les réunions du gouvernement prennent une moindre importance et le Parlement tend à être relégué au second plan ou réduit à un rôle d'enregistrement. Par-delà les circonstances et les enjeux vitaux, ce mode de pouvoir peut-il s'établir durablement ?

Cette façon de faire n'est pas seulement la marque d'une « hyperprésidentialisation ». Contrairement aux apparences qu'il peut se donner, le pouvoir politique n'est pas tout-puissant. Il gère tant bien que mal une société morcelée, impatiente et caractérisée par une mentalité victimaire d'ayant-droit.

Cela ne signifie pas que le pays ne dispose plus d'aucune ressource et de « réserve d'humanité ». Le dévouement des personnels soignants et d'autres catégories, les manifestations d'entraide et de solidarité des citoyens l'ont montré. Mais ces manifestations, si importantes qu'elles soient, coexistent avec des plaintes et des recours en justice à la moindre occasion. Cette mentalité s'est répandue au sein même des rapports sociaux, aboutissant à une société où la délation prospère et où il ne fait plus bon vivre. Elle place constamment l'exercice du pouvoir en porte à faux, surtout quand les politiques se refusent à l'affronter clairement, préférant les discours filandreux et démagogiques pour en tirer des avantages électoraux.

Le retour de la question sociale

Pour certains courants écologistes et anticapitalistes, le confinement était insupportable mais, néanmoins, il avait montré qu'un autre monde hors du modèle économique dominant était possible. La rupture était manifeste : alors qu'auparavant les déficits et la dette publique étaient constamment mis en avant pour justifier des coupes budgétaires et des sacrifices, l'État semblait avoir changé du tout au tout, multipliant les aides économiques et sociales. Le « quoi qu'il en coûte… » n'était-il pas la preuve qu'on nous avait menti sur le déficit et l'équilibre budgétaire ? Si « l'État peut payer », pourquoi ne pas continuer indéfiniment sur cette voie ? Cette mentalité n'était pas partagée par tout le monde, loin de là, mais elle relançait les idées de rupture chez des militants politiques et associatifs plus ou moins radicaux.

Pour la majorité de la population, la crise économique et sociale engendrée par la crise sanitaire est de plus en plus inquiétante. À quoi faut-il s'attendre ? À des faillites en cascade, des licenciements par dizaines de milliers, une précarité grandissante pour les jeunes et les moins jeunes, et le pays qui s'enfonce toujours un peu plus dans le désarroi ? La liste des urgences économiques et sociales s'allonge, avec à chaque fois une intervention financière de l'État. L'argent public semble inépuisable et les dettes aussi. Mais pour qui ne croit pas au miracle, la question est incontournable : même si les taux d'intérêt sont au plus bas, voire négatifs, il faudra un jour ou l'autre penser à rembourser, à moins d'imaginer que tout ou partie de la dette puisse être annulée, mais comment et à quelles conditions ?

Si indispensables qu'elles soient, ces aides maintiennent des secteurs de l'économie en état de perfusion. Elles ne sauraient durer éternellement et ne peuvent empêcher les drames humains que constituent les faillites, les fermetures, les réductions drastiques d'effectifs, les vagues de licenciements… Le chômage comporte une dimension anthropologique fondamentale dans la mesure où il met en jeu un rapport à soi-même et à la collectivité. Combiné avec les décompositions familiales et l'érosion des liens de solidarité traditionnelle, il entraîne l'esseulement et la perte de l'estime de soi. Les aides sociales, si indispensables qu'elles soient, ne peuvent y suppléer. Cette question tout à la fois sociale et anthropologique est l'un des principaux défis liés à la gestion de la pandémie, en sachant que le « quoi qu'il en coûte… » ne peut durer éternellement et que l'État ne peut pas tout.

Divagations et « imaginaire du complot[1] »

Dans le climat anxiogène de la pandémie, les rumeurs et les divagations n'ont pas manqué. Le pouvoir politique aurait ainsi cherché systématiquement à nous cacher la vérité. Cette dissimulation répondrait à un projet masqué visant à s'assurer la domination et le contrôle de la population par de nouveaux « maîtres du monde ». Politiques, journalistes, scientifiques liés aux laboratoires pharmaceutiques, à la finance, aux Gafa… formeraient un groupe occulte et tout-puissant.

1. Pierre-André Taguieff, *Court traité de complotologie*, Mille et une nuits, 2013.

En poussant au bout cette élucubration, le virus ne pouvait manquer d'apparaître comme une création d'origine humaine. Et comme on ne savait rien sur ce qui se passait dans le laboratoire chinois incriminé, on pouvait supposer de multiples scénarios : erreur de manipulation, fuite involontaire du virus hors du laboratoire, virus lié à la guerre bactériologique... Dans tous les cas, les pouvoirs en place – tous pays et régimes confondus – auraient tiré profit de cette situation pour renforcer leur domination de type totalitaire sur les populations.

Ce genre de propos trouve dans la réalité de quoi alimenter sa fantasmagorie. Les changements de position sur le port du masque, les erreurs et les incohérences dans la gestion de la crise, la publication dans des revues scientifiques d'enquêtes qui ne l'étaient pas, les liens entre des laboratoires pharmaceutiques et des chercheurs, l'existence d'un laboratoire épidémiologique en Chine conçu avec l'aide de la France... constituaient autant de faits indubitables.

Plus globalement, les grandes déclarations et les incohérences des politiques, le journalisme vivant dans l'entre-soi et s'érigeant en un nouveau moralisme entraînaient depuis longtemps la méfiance envers les médias et les « élites » qui nous gouvernent. Au discrédit des politiques et des journalistes est venu s'ajouter celui des scientifiques, dont les querelles incessantes semaient le doute sur la possibilité même d'une vérité scientifique. Dans ces conditions, à qui faire confiance en sachant, comme dit le proverbe, qu'« il n'y a pas de fumée sans feu » ?

Cet imaginaire du complot s'articule aux affects et au ressenti victimaire d'une partie de la population : d'un côté les « élites » (« ceux d'en haut », les « puissants », les riches, les politiques, les journalistes...) responsables de tous nos maux, de l'autre le peuple (« ceux d'en bas », les couches populaires, les « sans-grades » et les dominés...) parés de toutes les vertus. Quiconque remet en question leur interprétation globale est aussitôt accusé de nier la réalité. Les faits sont censés parler d'eux-mêmes alors qu'ils sont intégrés d'emblée dans un système de pensée qui les relie entre eux à partir d'*a priori*. Ces derniers sont hors de portée de toute interrogation : rien n'est dû au hasard et aux aléas de l'histoire ; les dysfonctionnements, les dérives, les effets non voulus n'existent pas ; il y a de l'intention et de la volonté cachée partout ; tout ce qui vient d'« en haut » est suspect ou mensonger ; inversement, tout ce qui vient d'« en bas » est authentique et bon.

À partir de tels *a priori* sous-jacents, il est facile d'aller chercher dans la réalité tout ce qui de près ou de loin est censé les valider. À leur façon, les théories complotistes ont réintroduit de la certitude et de quoi retrouver ses marques au milieu du chaos. Tel me paraît être la logique sous-jacente à ces propos faussés et véhéments qui surfent sur la rancune et le ressentiment.

Un tourbillon sans fin ?

Cette pandémie anxiogène et bavarde nous a plongés dans un monde étrange où il est devenu difficile de démêler le réel de la bulle médiatique et communicationnelle qui l'enveloppe constamment. Celle-ci nous plonge « en direct » au cœur de l'événement tout en nous maintenant à distance dans le confort relatif de notre espace privé. Le drame est bien réel, et vécu comme tel par ceux qui se trouvent « en première ligne », tandis que les autres assistent, sidérés et impuissants, aux ravages de la maladie répercutés quotidiennement dans les médias et les réseaux sociaux.

Pour ceux qui ont la chance d'échapper à la contagion, la maladie et la mort sont néanmoins présentes comme une menace diffuse qui, à défaut d'affecter notre corps, affecte notre esprit. En même temps, nous cherchons à tout prix à l'oublier et à nous divertir de multiples façons. L'épreuve du réel est présente et absente à la fois ; elle est d'emblée atténuée par de multiples commentaires et distractions qui amenuisent le choc qu'elle provoque et son pouvoir d'interpellation. Les grands médias audiovisuels et les réseaux sociaux nous insèrent (avec notre consentement) dans un univers paradoxal, celui d'un « entre-deux » flottant entre le réel et des représentations. Telle nous paraît être la situation faite de réalité et d'irréalité dans laquelle la majorité de la population (celle qui n'a pas été confrontée directement à la maladie et à la mort) a vécu la pandémie et le confinement.

Des journalistes et des citoyens ont contré les rumeurs et les fausses nouvelles, fait connaître des expériences d'entraide et de solidarité, mené des interviews et des débats de qualité… L'usage des médias et des réseaux demeure ambivalent, encore s'agit-il d'être lucide sur un type de fonctionnement délétère.

Dans les médias audiovisuels en continu et les réseaux sociaux, tout va très vite. Beaucoup de propos et de débats spectaculaires partent en vrille. Ce genre de fonctionnement et de comportement dissout l'envie d'y voir clair et d'avoir un point de vue argumenté ; il favorise la pensée à coups de serpe et le zapping permanent ; il incite à réagir et surréagir en courant sans cesse après le dernier « événement ».

Ce nouveau mode d'appréhension du réel et du fonctionnement du débat démocratique pose un défi à notre conception de la citoyenneté issue des Lumières. Tout en se réclamant de la démocratie, il la rend tourbillonnante et vaine. Il abêtit l'esprit plutôt qu'il ne l'éclaire et nous offre un point de fuite pour nous débarrasser du souci de penser par nous-mêmes. Il est une des formes post-moderne de la « servitude volontaire » et de l'aliénation. Il n'y a pas de fatalité en l'affaire, pourvu que cesse la course à l'audimat à tout prix et que nous ayons le désir et le courage de nous extraire du maelstrom ambiant.

Écologie et nouvel air du temps

Des écologistes nous le disent depuis longtemps : le réchauffement climatique avec ses effets dévastateurs est devenu le péril premier dans la mesure où la survie de la planète est en question ; l'humanité court à la catastrophe si nous ne faisons rien. Les réalités et les dangers bien réels du réchauffement climatique se mêlent à des affirmations sommaires qui font valoir la peur comme suprême argument. Dans le même temps, une nouvelle sensibilité à l'environnement, à la beauté des paysages, à la nature et aux animaux s'est développée qui déborde les schémas militants. Cette sensibilité s'intègre au souci de soi et fait de la réconciliation avec la nature un principe d'hygiène, d'équilibre et de santé. Depuis des années, nous baignons culturellement dans cette double représentation, catastrophique et angélique, comme les deux faces d'un nouvel air du temps.

La façon dont ont été abordés la pandémie et le premier confinement s'est inscrite dans ce creuset, tout au moins pour des catégories particulières de la population. Pour les collapsologues et les prophètes du malheur, la pandémie constituait les prémices de la catastrophe annoncée. Pour des citadins en bonne santé et confortablement installés mais supportant mal la vie moderne et ses désagréments, la période du confinement permettait de prendre soin de soi, de mieux respirer, d'apprécier une ville sans voitures et de redécouvrir le chant des oiseaux.

Ces deux sensibilités n'aboutissaient pas au même type de préoccupation, mais elles n'étaient pas nécessairement incompatibles et se rejoignaient dans le flux des discours médiatiques dominants. Aux rappels des « gestes barrières » et de la « distanciation sociale », aux multiples conseils pour une vie saine et équilibrée, s'ajoutaient des leçons d'écologie matin, midi et soir sur la façon de bien se comporter pour sauver la planète.

Les préoccupations et les inquiétudes légitimes sur le réchauffement climatique, la biodiversité, les énergies, les déchets, l'urbanisation à outrance, l'état des mers et des océans... n'appartiennent pas en propre aux écologistes associatifs ou politiques. Mais ces derniers en ont fait leur fonds de commerce militant, se présentant comme les seuls légitimes à s'approprier ces questions en les intégrant dans une révolution culturelle qui ne dit pas son nom.

Le changement opéré par les courants les plus fondamentalistes est d'ordre historique et anthropologique. À l'idée d'une histoire en marche vers toujours plus de progrès et d'émancipation dans laquelle s'inscrivaient les acteurs sociaux et politiques, s'est substitué un compte à rebours vers la catastrophe, à moins qu'un « réveil des consciences » n'ait lieu. L'utopie écologique renverse la perspective du progrès en faisant de la lutte contre la catastrophe annoncée et du rapport régénéré à la nature le nouveau principe d'une humanité réconciliée avec elle-même par-delà les nations et les civilisations.

Ces conceptions écologistes s'érigent en une théorie globale du monde qui détiendrait les nouvelles clés de l'histoire, fixerait la hiérarchie des valeurs et des bons comportements quotidiens. Envisagée de la sorte, l'écologie a tous les traits d'une nouvelle « religion séculière[1] ». Si l'écologie s'intègre dans le souci du monde et des

1. Raymond ARON, « L'avenir des religions séculières », *La France libre*, 1944.

générations futures, elle ne saurait pour autant prétendre être le dépositaire du nouveau sens (à rebours) de l'Histoire, de la Vérité et du Bien.

La modernité et la démocratie en question

À peine sortis du confinement, les mêmes qui critiquaient vertement le productivisme et le capitalisme n'étaient pas néanmoins mécontents de retrouver les avantages d'une modernité décriée, d'une société de consommation et de loisirs qui, malgré ses excès, avait du bon.

Ce paradoxe est typique d'une mentalité d'adolescent révolté qui n'a de cesse de dénoncer une société qu'il rend responsable de tous les maux tout en profitant de ses bienfaits. Plus fondamentalement, il témoigne de la difficulté à reconnaître les effets ambivalents de la modernité et du progrès, tout comme ceux de la démocratie qui n'offre pas d'alternative radicale et n'entend pas résoudre l'ensemble des problèmes qui se posent à l'humanité.

La démocratie se trouve confrontée à un moment critique de son histoire caractérisé par des déstructurations sociales et culturelles qu'on a du mal à regarder en face. Elle souffre depuis longtemps d'un délitement de ses ressources internes et de sa dynamique, comme une sorte de glissement de terrain anthropologique et politique.

Nous vivons dans une société pour qui la vie est devenue le souverain bien, idée que les gouvernants et les institutions ont largement reprise à leur compte en s'affirmant comme ses défenseurs et ses garants. Dans ce cadre, l'État et la société se trouvent culturellement désarmés face aux aléas et au tragique de l'histoire. « On ne peut pas vivre en bonne santé sur une planète malade », certes, mais vivre en bonne santé sur la planète pour quoi faire ? Dans quel but et à quel prix ?

Tocqueville soulignait que le despotisme nouveau se chargerait d'« assurer leur jouissance [des citoyens] et de veiller sur leur sort » avant d'ajouter : « Que ne peut-il leur ôter entièrement le trouble de penser et la peine de vivre[1] ? » Ce questionnement me paraît plus que jamais d'actualité.

Les questions de la pandémie, de l'économie et du social demeurent au centre de l'actualité, mais elles ne sauraient faire oublier les autres problèmes auxquels se trouve confronté un pays divisé. Nous avons du mal à regarder en face des défis comme ceux de la sécurité, de l'islamisme, de l'immigration, des risques de guerre… qui engagent la façon dont nous entendons vivre

1. Alexis de TOCQUEVILLE, *De la démocratie en Amérique*, *op. cit.*, p. 434.

collectivement, une certaine « idée de la France » et de son insertion dans les affaires du monde.

Cette difficulté ne s'explique pas seulement par les conditions économiques et sociales, par le néolibéralisme qui saperait tout. Elle s'est développée, depuis des années, sur fond de bouleversement du tissu éducatif, d'érosion d'un creuset patriotique et historique qui nous définit comme peuple et comme civilisation. Le mal-être existentiel et social des sociétés démocratiques renvoie à un processus de désagrégation qui constitue comme le point aveugle des pays européens aux prises avec leur héritage culturel et politique.

Au moment où j'écris ces lignes, on dit et on répète que la situation demeure préoccupante mais que nous sommes à un tournant et que les beaux jours reviendront... Le pire n'est jamais sûr, reconnaissons toutefois que nous vivons de sombres temps.

On n'en finit pas de spéculer et de débattre sur de multiples scénarios de sortie de crise. Mais, sauf à dire que plus rien ne sera tout à fait comme avant et que des évolutions antérieures vont s'accentuer, bien malin celui qui peut prédire ce qu'il adviendra à long terme de cette épreuve. Dans tous les cas, malgré l'heureuse nouvelle d'un vaccin, nous ne sortirons pas indemnes psychologiquement, économiquement et socialement de cette crise sans précédent.

Combien devrons-nous encore subir d'épreuves pour nous ressaisir, nous réapproprier notre héritage culturel français et européen et entamer une reconstruction ? Il en va de l'humanité du monde que nous laisserons en héritage aux nouvelles générations.

Table

Introduction. D'une pandémie anxiogène et bavarde

Chapitre 1. Angoisse et baratin 23
Fièvre et tremblements 24
Le retour des prophètes 28
Table rase, polémique et recyclage 33
Truismes et logorrhée 38

Chapitre 2. Impressions d'irréalité. De la guerre et des médias en période de pandémie 43
Métaphores guerrières et mélange des genres 45
L'événement médiatique 51
Proximité émotionnelle et déréalisation 53
Une nouvelle donne historique 57

Chapitre 3. Cette mort que je ne saurais voir… 63
Changement d'époque 65
Le point aveugle de la modernité 68
Les immortels et les autres 70

Quel terreau éducatif ? 74
Existentialisme générationnel 76
Du progrès des Lumières à la démesure post-moderne 80
« Vivre et mourir en bonne santé » 82

Chapitre 4. L'« hôpital-entreprise » face à la pandémie. L'honneur retrouvé du personnel soignant 85
L'honneur retrouvé du personnel soignant 85
Épuisement et détresse 86
Initiatives et solidarité 90
Face à la bureaucratie gestionnaire et comptable 93
Le soin comptable 96
L'incroyable logomachie managériale 100
Les déboires de l'« hôpital-entreprise » 104

Chapitre 5. Fractures et malaise du confinement 109
Ambivalence des réactions et des réseaux sociaux 110
Trafics, ensauvagement et violences 113
Le « cocon familial » en question 117
Les vertus problématiques du télétravail 119
Thérapies en tout genre 124

Chapitre 6. Retour sur soi et loisirs en vase clos. Un certain état des mœurs 129
La religion confinée et humanitaire 130
Spiritualités vagues pour esthètes confinés 135
Les « bénéfices du vide » ici et maintenant 138
Désordres amoureux confinés 141
Une « civilisation des loisirs » en miniature ? 145

Chapitre 7. Restrictions des libertés.
Réalités et délires d'interprétation 151
Un nouveau régime d'exception 152
Un confinement sous contrôle policier 154
Surenchères ubuesques 157
Contre-pouvoirs et difficile équilibre 159
Des schémas préconçus 162
Le « biopouvoir » en question 165
Un confinement orwellien ? 168

Chapitre 8. Science et politique.
Mélange des genres et pilotage à vue 173
Un comité scientifique privilégié 174
Le politique à la remorque de « ceux qui savent » ? 178
La science en question 181
Quand la science s'embrouille 183
La science « à tout faire » ? 186
Du « corps des défunts »
et des « besoins spirituels » 190
Un pouvoir labellisé 192

Conclusion. Dans quel pays voulons-nous vivre ? 195

Cet ouvrage a été composé
par Nord Compo à Villeneuve-d'Ascq (Nord)
et achevé d'imprimer en France
par CPI BRODARD & TAUPIN (72200 La Flèche)
pour le compte des Éditions Stock
21, rue du Montparnasse, 75006 Paris
en janvier 2021

PAPIER À BASE DE FIBRES CERTIFIÉES

Stock s'engage pour l'environnement en réduisant l'empreinte carbone de ses livres. Celle de cet exemplaire est de :
400 g éq. CO_2
Rendez-vous sur www.editions-stock-durable.fr

Imprimé en France

Dépôt légal : février 2021
N° d'édition : 01 - N° d'impression : 3042116
17-07-5555/1